ANIMACIÓN
EN HOTELES

ANIMACIÓN EN HOTELES

JESÚS LANTIGUA

Número de Control de la Biblioteca del Congreso de EE. UU.:		2011963594
ISBN:	Tapa Dura	978-1-4633-1643-3
	Tapa Blanda	978-1-4633-1644-0
	Libro Electrónico	978-1-4633-1645-7

Para pedidos de copias adicionales de este libro, por favor contacte con:
Palibrio
1663 Liberty Drive
Suite 200
Bloomington, IN 47403
Llamadas desde los EE.UU. 877.407.5847
Llamadas internacionales +1.812.671.9757
Fax: +1.812.355.1576
ventas@palibrio.com
381515

INDICE

DEDICATORIA

A mi familia: fuente cotidiana e inagotable de
inspiración y compromiso.
Por lo mucho que suele mostrarme la mejor senda y
cobijar el orgullo latente de pertenecerle.

PRÓLOGO

La búsqueda bibliográfica que devino en sólido soporte para la elaboración del presente trabajo y que requirió de varios artículos, textos y demás documentos relacionados con la actividad recreativa, cultural, deportiva y social, en general, sirvió para constatar la menguada existencia de otros y su incapacidad para abordar temas referidos a experiencias de índole hotelera.

Sin embargo, las ideas manifiestas en estas páginas no pretenden diseñar modelo alguno para la ejecutoria de las diferentes opciones recreativas que demandan, los disímiles clientes, al visitar los hoteles. La animación es y debe ser mutable cada vez, proclive a perfeccionarse de continuo y enriquecerse ante nuevas reflexiones. Por ese motivo, estimular diferentes opiniones, debates y arribar a consideraciones lógicas, carentes de determinada superficialidad entre los profesionales de la animación, es a no dudar, su objetivo inmediato.

Sólo ese ambiente de intercambio próspero y carente de superficialidades, más apegado a la realidad que a espurios criterios dogmáticos puede contribuir, de manera decidida, al logro de nuevos éxitos en la labor de animación; factor necesario para que en su ejecutoria creativa se produzca un proceso de alegrías compartidas, siempre más allá de la composición heterogénea de los numerosos clientes.

Ponemos la presente obra a consideración de todas aquellas personas que se inician en la animación turística, laboran en las diferentes instalaciones hoteleras o pretenden incrementar su acervo cultural sobre el tema.

El autor.

¿QUÉ ES ANIMACIÓN?

Un componente indispensable y sumamente atractivo de la oferta turística, en nuestros días, guarda relación con aquellas propuestas recreativas a las que acceden los visitantes en diferentes escenarios.

Es tan amplia la variedad de contenido de la palabra recreación que no todas las personas la llegan a identificar de similares maneras, atendiendo a la profusa existencia de sus formas e intereses. No es de extrañar que muchos desconozcan el aporte sensible que representan tales actividades para el desarrollo de los seres humanos, no sólo atribuibles a la satisfacción de las necesidades espirituales de esparcimiento; sino también a la formación de hábitos responsables de participación en la vida social y de habilidades comprometidas con la creación.

Lopategui, E. (23,1) opina de la siguiente manera: *"...Estas actividades de tipo recreativas son, entonces, experiencias personales voluntarias de las cuales se deriva un sentido de bienestar personal, disfrute y placer que eventualmente ayuda al desarrollo y logro de un equilibrio en las dimensiones físicas, mentales, emocionales, espirituales y sociales del individuo. Esta actitud se convierte en esparcimiento para el individuo porque despierta en él una respuesta placentera y satisfactoria..."*

11

Pérez, A. (32,3), por su parte, reflexiona acerca de determinadas interpretaciones dadas sobre el tema: *"Muchas veces la palabra recreación en su contenido se confunde con la de juegos, sin embargo, la primera es más amplia que la segunda..."* y a seguidas, este propio autor (32,5), conceptúa el término de la forma siguiente: *"recreación es el conjunto de fenómenos y relaciones que surgen en el proceso de aprovechamiento del tiempo libre mediante la actividad terapéutica, profiláctica, cognoscitiva, deportiva o artística cultural, sin que para ello sea necesario una compulsión externa y mediante las cuales se obtiene felicidad, satisfacción inmediata y desarrollo de la personalidad."*

Lo cierto es que los avatares propios de la vida moderna imponen requerimientos de tipo recreativos entre sujetos de diferentes orígenes, no sólo encaminados a su restablecimiento físico y mental, mermado este por las exigencias laborales, con lo que alcanzarían en el futuro un aporte productivo mayor; sino también al logro y fomento de su autodesarrollo. Ello es motivo seguro, entre otras opciones, para el alza considerable que experimenta la industria turística en el mundo.

La recreación, en esas condiciones, se ve urgida de elementos indispensables como la creatividad, guía u orientación y la dinámica, pues es a través de estos sostenedores que llega a alcanzar su propósito elemental de entretener y fortalecer el espíritu. Las técnicas de animación y conducción constituyen herramientas garantes para desarrollar acciones recreativas en los diferentes grupos humanos. Ambos términos son empleados a menudo de manera muy equilibrada y en ocasiones, a expensas de su necesaria conjugación, resultan confundidos el uno con el otro.

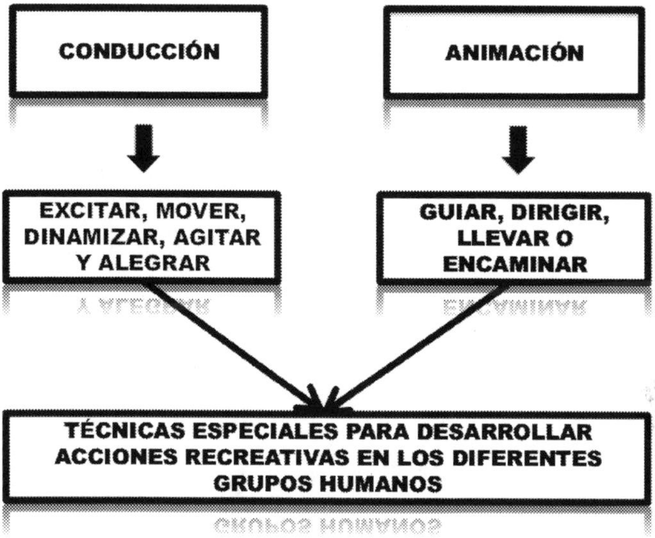

CONDUCCIÓN	ANIMACIÓN
⬇	⬇
EXCITAR, MOVER, DINAMIZAR, AGITAR Y ALEGRAR	**GUIAR, DIRIGIR, LLEVAR O ENCAMINAR**

TÉCNICAS ESPECIALES PARA DESARROLLAR ACCIONES RECREATIVAS EN LOS DIFERENTES GRUPOS HUMANOS

Gráfico 1: Técnicas para desarrollar acciones recreativas.

De la Tejada (13,1), asevera: *"Cuando se habla de animación se hace referencia a un conjunto de técnicas mediante las cuales es posible planificar, promover y desarrollar diferentes acciones recreativas y que por lo general contribuye a crear un ambiente favorable en las personas, al compulsarles a realizar diferentes actividades con menoscabo de probables preocupaciones o inconformidades, además de beneficiar el incremento de sus relaciones sociales, la satisfacción de intereses y necesidades variadas."*

A la animación le son afines complementos tales como excitación, movimiento, dinámica, agitación y alegría. Muchos le identifican con la posibilidad de dar vida a estructuras o ambientes diversos, destinados ellos a lograr el esparcimiento de los heterogéneos individuos.

13

Pérez A. (32,116), citado ya con anterioridad, describe la conducción recreacional como un conjunto de técnicas especiales que, unidas al carisma o don especial de sus profesionales, permite la conquista psicológica del grupo, para que pueda responder de manera siempre positiva a cada propuesta de tareas y comparando la misma con la conducción militar, habiendo descrito que a la segunda se responde en muchos casos por temor o convicción, señala: *"...en recreación en cambio, el grupo responde a la voz de invitación, porque esta lo conquistó y le hizo sentir el deseo de hacer. Y esto es precisamente lo que debemos lograr como conductores. La tarea no es fácil, pero tampoco es extremadamente difícil."*

A esta alternativa (conducción recreativa), por otra parte, le son atribuibles definiciones como guiar, dirigir, llevar o encaminar.

El trabajo de los conductores requiere técnicas capaces de apostar hacia una mayor motivación individual y un cambio ostensible de ritmo, así como el incremento en el nivel de afectividad, asociado a la labor con los grupos de personas que se recrean. Es de suponer que no basta con el uso de una sola de estas artes para aspirar a alcanzar el éxito en la ejecutoria, pues se requiere poseer sólido y casuístico oficio, hábil para imponer con singular prestancia, soluciones varias a conductas diferentes.

El propio Pérez, A. (32,120), afirma sobre el particular: *"No hay una técnica que sirva para todos los grupos, y un grupo se equivoca si emplea la misma técnica para resolver todas sus situaciones."*

De las técnicas, expuestas por ese mismo autor, sobresalen las referidas a la actitud y la sugerencia positiva, basada una en la seguridad, confianza en sí mismo, así como el aplomo de los conductores en aras de lograr la búsqueda del entusiasmo grupal y la otra, en el uso de medios satisfactorios como la palabra, el gesto y el movimiento. Con similar abordaje aboga por la utilización del denominado contagio afectivo, que denota la importancia de la interrelación colectiva, capaz de generar sentimientos afectuosos en las personas.

No menos significativas resultan las denominadas técnicas de conducción frente al grupo, pues ellas definen consideraciones especiales absolutamente necesarias y la empleada para lograr recuperar el silencio ante un gran bullicio.

La conducción y la animación requieren, de igual manera, un alto sentido de formación profesional, pues las habilidades necesarias para que una u otra fortalezcan sus proyecciones prácticas, urgen de la combinación de una sólida teoría con el uso empírico de tales herramientas.

Con esa particularidad logran ellas (animación y conducción), imbricarse de tal suerte, que resulta insospechado en qué punto se alejan o convergen y trascienden como actividades independientes. Es tan sólida y necesaria la fusión entre estas dos cuestiones, que mucho se habla de animación recreativa al hacer alusión a cualquiera de estos términos y se identifica a los profesionales involucrados en ellas, como animadores. Sin embargo, se puede ser un excelente animador y no necesariamente ser un destacado conductor o viceversa. En este contexto de realización, realza el primero por su extrema dinámica y el segundo por su guía lógica y coherente.

Hoy se conoce que existen diferentes formas de animación entre las que se encuentra la actividad de animación sociocultural, bastante generalizada en estos tiempos y que es resultante, en definitiva, de una práctica social destinada a estimular la participación de los grupos humanos en el marco de su propio progreso, pues este tipo de animadores son los encargados de mostrar y describir los elementos componentes del patrimonio particular de sus pueblos, los sitios con valores arqueológicos diversos, museables e históricos; así como aquellos centros considerados de interés social, entre otros.

Pascual, I. (28,1), define a los encargados de desarrollar este tipo de animación de la siguiente manera: *"El animador sociocultural pretende la transformación social y para conseguir su objetivo desarrolla actividades que motivan a grupos de personas (jóvenes, mayores o inmigrantes...) a participar e integrarse en la sociedad".*

Por otra parte, existe un reconocimiento contemporáneo acerca de la existencia de los animadores físicos, deportivos y turísticos. Ellos, como su nombre lo indica, son los encargados de compulsar la participación de los diferentes grupos de personas en actividades consideradas como físicas y lúdicas.

Resulta innegable que tanto la labor de los unos como los otros, suele ser tributaria de especial energía, favorecedora de acciones puntuales relacionadas con el entorno, lo que es motivo esencial para la promoción de los valores culturales autóctonos, propios del decursar de sus respectivas sociedades y riquezas espirituales; aun sin detrimento de cierto convencionalismo cuyo asidero casi siempre estriba en prácticas foráneas.

Se habla, frecuentemente, de la expansión que experimenta, en la actualidad, la actividad de animación como resultado de una cada vez más creciente necesidad de ofertas recreativas entre las diferentes comunidades, de aquí que no pocas personas en el mundo se hayan dedicado a esta labor, en sus diferentes maneras.

De la Tejada, E. (13,1), considera que: *"La animación turística ocupa cada vez más un lugar privilegiado en el crucero de los caminos de la cultura, la educación, la integración, el intercambio, la productividad, la rentabilidad, el diseño de productos..."* y también expone: *"La animación genera en efecto dinámica y movimiento, produciendo el desarrollo de actividades programadas alrededor y dentro de una estructura turística, permitiendo formar conceptos como: el dar vida a cada momento, a cada experiencia, a cada espacio abierto o cerrado, a cada circunstancia y situación, a cada etapa...del turista."* Ese propio autor, señala: *"La animación provoca en el turista vivencias, espacios para el diálogo, momentos para el encuentro y el reencuentro, consigo mismo y con los demás, oportunidades y alternativas para reconocer de la experiencia de viaje -una etapa de realidades y fantasías-."*

Precisamente, en este sector, la animación deviene en una verdadera estrategia que propicia a los clientes valorar diversas oportunidades o propuestas al disfrutar plenamente de ellas, viabilizando la inobjetable opción de energizar todo instante e ir acumulando nuevas experiencias vinculadas a cada ámbito y posibilidad de realización.

Un ejemplo, de este tipo de accionar, es la animación que se realiza en las instalaciones hoteleras. Esa actividad ocupa un lugar preponderante en la labor turística ya que facilita la relación del que se recrea con el país que visita y ayuda a mostrar las mejores tradiciones culturales, es decir, los rasgos más distintivos de la expresión propia, a la par que contribuye a paliar las probables deficiencias del resto de los servicios que en la instalación se ofrecen, a través de ofertas recreativas capaces de producir gran placer y divertimento. Un cliente inconforme con determinada sugerencia podría olvidar su insatisfacción y lógico disgusto al recibir una excelente proposición de animación y regresar a su hogar con la más amplia de las sonrisas, expresión de un sincero agradecimiento.

La animación en hoteles tuvo su génesis en la década de los años ochenta, fundamentalmente de manos de la cadena Club Mediterráneo (Club Med). Dentro de esos sitios (instalaciones hoteleras), ha devenido en fórmula novedosa que promueve el desarrollo de las actividades recreativas. El área de animación, es la encargada del entretenimiento y la transmisión de los verdaderos y auténticos valores culturales a los turistas, a través de variadas acciones, las que se desarrollan de manera atípica, sin tener que recurrir a patrones presentes en otros servicios recreativos; logrando, con todo esto, el despliegue de las potencialidades de cada uno de sus componentes.

Hoy día, no obstante existir una marcada globalización en la ejecutoria de la animación hotelera, hay que reconocer también la existencia de determinadas diferencias en su formas de realización, de manera que las programaciones caracterizan, en buena medida, la labor de tales sitios, otorgándole un sello distintivo a las disímiles instalaciones.

No sería nada exagerado plantear que las principales divergencias encontradas entre la labor de animación de un hotel y otra instalación cualquiera, que le hacen ser merecedora del beneplácito y agradecimiento del visitante, radican en la calidad del servicio que presta, la conducta de sus animadores y de modo particular, en la observancia o no de los rasgos oriundos, los que representan el orgullo nacional o regional.

El turismo es una actividad dirigida a fortalecerse en virtud de un necesario y por demás pretendido desarrollo, por lo que la animación hotelera está sujeta a presunciones similares y en ese espíritu se enriquece y despliega de continuo, aunque no siempre se llegan a divulgar las mejores experiencias.

La confección de un programa de animación coherente, armónico y atractivo, es la clave del éxito para un servicio de excelencia, cuya exigencia demanda el estudio de los mercados que con mayor frecuencia visitan los diferentes hoteles, la opinión generalizada de sus clientes y empleados, así como la amplificación de los valores locales y la cultura autóctona de las respectivas naciones.

Cuando se trabaja en esa dirección, los resultados suelen ser muy alentadores y se traducen en la opinión favorable de los visitantes, es decir, en su satisfacción personal.

La filosofía del trabajo de la animación hotelera se basa en la posibilidad de un contacto directo e intenso, con su público, a través de todos los procesos, logrando con ello un alto goce y repitencia. Para ello, se requiere de animadores muy bien preparados en el plano profesional, además de poseer una adecuada disponibilidad de recursos, la que mayoritariamente responde a las propias potencialidades humanas involucradas y a la explotación de los valores socio culturales locales.

El reflexionar en temas de esta índole presupone estimular la creatividad, aspecto que no está ajeno al logro de resultados ponderables y que es parte indisoluble del propósito de generalizar las experiencias mejores. Es preciso, como lógico reconocimiento a la virtud, capaz de ampliar necesarios derroteros, que la animación y la conducción recreativas adquieran un alto grado de ejecutoria, tal y como lo exige toda labor de excelencia, independientemente de las problemáticas que caractericen su entorno.

PROBLEMÁTICAS ACTUALES DE LA ANIMACIÓN HOTELERA

Algunas personas consideran que la animación hotelera deviene en simple actividad lúdica, incapaz de aportar otra ganancia agregada que no sea el entretenimiento puntual y la identifican como un proceso exento de contribuciones más meritorias al espíritu humano, descartando con tales criterios sus excelentes potencialidades para la ejecutoria física y el consiguiente desarrollo corporal y estado de salud óptimo en los sujetos que disfrutan esas prácticas, además de la transmisión de los valores culturales autóctonos de cada región o país, entre otras virtudes.

En atención a las anteriores consideraciones es oportuno señalar que la animación, en estas instalaciones, contribuye a poner en contacto a los clientes con las más variadas tradiciones y costumbres de las sociedades humanas, permitiéndole ampliar los conocimientos y desarrollar, a la par que su intelecto, la capacidad para transformar positivamente el medio, expresión esta de una nueva actitud ante la vida. Por tanto, no se trata simplemente de una forma agradable de pasar el tiempo, sino que ella misma, constituye una vía efectiva para aprovecharlo positivamente, al ofrecer la riqueza de diferentes expresiones culturales que tipifican la nacionalidad de un país.

La subestimación de la citada labor (animación), lacera en muchos casos los propósitos de alcanzar una elevada calidad en ese servicio, por lo que suele aparecer considerablemente deprimida en determinadas circunstancias, al carecer de apoyo y colaboración. Son esas mismas, las reflexiones responsables de criterios que minimizan la proyección y desarrollo profesional de los encargados de animar las comunidades, cualesquiera que sea el contexto en que tales acciones ocurran.

Unido a ello, pudiera expresarse la existencia de los animadores empíricos en muchos sitios, es decir, individuos que carecen inicialmente de una teoría necesaria para desarrollar técnicas recreacionales oportunas y que en ocasiones no las llegan a adquirir de forma íntegra a través de la práctica, mermando sustancialmente los resultados esperados. La oferta de programas de formación técnica profesional para la especialidad, permite reducir el número de esos empleados incompetentes y aumentar la calidad del servicio demandado.

En el caso de la animación hotelera se cuestiona, reiteradamente, la existencia de un modelo de oferta convencional, tributaria ella a la práctica internacional y sujeta a cánones preconcebidos, donde la incidencia de elementos manidos desplaza la creatividad ajustada a los mejores valores culturales autóctonos y sobreviene en efímera complacencia de un cliente ávido de experiencias novedosas.

El hecho de que algunas de las consideraciones relacionadas con esta problemática coincidan con criterios expuestos sobre la situación de la animación turística por el autor De la Tejada, E. (14,1), no demuestra otra cosa, que no sea el proceso de globalización que experimenta esa actividad en nuestros días.

Problemática actual de la animación hotelera.

- Los valores culturales y las mejores tradiciones no siempre se amplifican en toda su dimensión (un buen ejemplo de lo expuesto, se aprecia en la carencia de espectáculos, música y otras manifestaciones autóctonas en áreas e instalaciones).

- La posibilidad de ofrecer actividades que muestren, con gran diversidad, los rasgos culturales del país, es obviada en muchos casos por la inclusión de ofertas convencionales.

- Los espectáculos que se proponen, sistemáticamente, son similares a las propuestas en otros hoteles del mundo (Mister, Miss, Horror, Cats, Noche de Toga, etc).

- La divulgación de las propuestas de animación no siempre se logra adecuadamente, minimizando las potencialidades reales que esta posee.

- La animación, en muchas oportunidades, se torna repetitiva y carente de elementos novedosos, sin que tenga en cuenta la presencia de diferentes mercados, grupos de edades y expectativas. (Esta dificultad limita considerablemente la creatividad de los animadores y no permite a muchos clientes disfrutar a plenitud de las ofertas, sobre todo, cuando estos últimos son repitentes).

- El resto del personal hotelero, en ocasiones, no participa del proyecto de animación, limitando sobre todo las acciones de colaboración entre servicios distintos.

- Los animadores, por lo general, carecen de adecuados uniformes y grabados atribuibles a su nacionalidad y sin embargo, exhiben detalles de sus respectivas cadenas hoteleras.

- Las proyecciones de la animación son en ocasiones subestimadas por parte de ciertos factores gerenciales, con lo que se desalientan las potencialidades de sus profesionales y se limita la creatividad en función de resaltar los valores más autóctonos.

Mucho tiene que ver en la solución parcial o total de estas problemáticas, la aptitud de los animadores que prestan servicios en las instalaciones hoteleras, como lógica resultante de sus condiciones personales y preparación profesional.

CARACTERÍSTICAS DE LOS ANIMADORES

Los textos, sean manuales básicos o de consulta y referencia, sobre hotelería en general y animación en particular, se caracterizan por su escasez cuantitativa. Para el lector ávido por conocer acerca de estos tópicos, en ocasiones, se carece de una bibliografía adecuada. Los temas de animación, como regla, se abordan de manera tan menguada como colateral, casi siempre en publicaciones sobre servicios turísticos diversos, lejos del alcance del público común.

Muchos de los jóvenes interesados en los quehaceres de la recreación hotelera no poseen materiales o documentos instructivos que puedan orientarles adecuadamente, por lo que desconocen las peculiaridades de esa faena y sólo alcanzan acceder a información de este tipo, en muchos casos tergiversada, a través de personas sin amplios conocimientos o experiencia profesional.

Establecer la caracterización del encargado de la animación hotelera es tarea bien compleja, pues no todos estos sujetos llegan a obtener un similar desarrollo en su oficio. La progresión en los responsables del esparcimiento puede ocurrir de muy diversas formas y distar muchísimo al comparar los unos con los otros. Aquellos que alcanzan un grado elevado de realización en su labor, son los que realmente pueden ser considerados paradigmas de la profesión.

Los animadores hoteleros son las personas encargadas de desarrollar las actividades recreativas en ese tipo de instalaciones y propiciar, con su talento, una alta satisfacción entre los clientes, en un ambiente donde primen la alegría y la confraternidad; toda vez que, estos promotores, al ser, comunicativos, entusiastas y muy creativos, además de laboriosos, favorecen los elementos cuantitativos y cualitativos de las ejecutorias asociadas a las acciones de entretenimiento.

No han faltado los detractores que pretenden minimizar las funciones de dichos empleados, llegando a plantear que animador puede ser cualquiera y desestiman el hecho de que, las personas antes mencionadas, requieran poseer características muy especiales, no sólo a tono con las mejores conductas, sino también con un alto desempeño.

Opiniones vertidas por autores como Pascual, I. (28,1) y otras no menos importantes entre las que figuran las de naturaleza empírica, capaces de trascender a expensas de la ejecutoria profesional, a la par que alimentadas por una coincidencia manifiesta, han permitido establecer las condiciones o requisitos más generales atribuibles a todas aquellas personas dedicadas al arte de animar y a partir de esas peculiaridades profundizar en sus detalles distintivos.

Sí se aceptan los requerimientos expresados por diversos especialistas como requisitos para aspirar a la condición de animador, entonces debe admitirse que esas exigencias y otras particularidades atribuibles a la actividad, están necesariamente presentes en quienes alcanzan una notoria experiencia práctica en la labor recreativa; llegando a conformar, por tal motivo, la caracterización de sus encargados.

Los recursos humanos, involucrados en los servicios de animación hotelera, tanto en lo colectivo como individual, poseen sellos distintivos que determinan sus propios estilos.

Una clara influencia en los modos colectivos deviene de las políticas trazadas por las cadenas hoteleras, las que establecen, independientemente de las expresiones convencionales, exigencias tan peculiares como diversas.

La forma de proyectarse en los escenarios permite distinguir un estilo característico en cada promotor recreativo. Son muy variados los elementos que integran la condición de un animador y ellos tienen relación con su presencia personal, posturas, desplazamiento escénico, movilidad, gestualidad, modulación de la voz y formas de relacionarse, entre otros.

No resulta desacertado considerar que los profesionales que animan, en lo individual, reciben una determinada influencia de los colectivos donde se iniciaron o laboran. El estilo de estos especialistas, en ocasiones, es la resultante de una fusión de formas diferentes, las que le son inherentes a otros colegas, a los que pretenden imitar; aunque se debe aceptar que en muy buena medida incluye maneras intuidas, relacionadas con las potencialidades intrínsecas de cada sujeto.

Para llevar a cabo exitosamente, la labor de animación, de manera propia y original, se requiere el concurso o combinación de muchas habilidades, es decir, se precisa del talento y profesionalidad de las personas encargadas de recrear.

En la labor de esparcimiento se vence el miedo escénico. Los empleados noveles, comúnmente, experimentan vivencias caracterizadas por la inseguridad, inhibición y el temor. Ellos, a través de experiencias prácticas, aprenden a realizar esfuerzos volitivos que les permiten luchar y superar estados emocionales negativos como el miedo y la timidez.

Los animadores son personas alegres, vivaces y entusiastas. La sonrisa es el complemento de tan peculiar arte, sostén garante de la arquitectura lúdica, sin menoscabo alguno de cualquier acción tendiente al recreo, esparcimiento sano y al placer recreativo; constituye una excelente posibilidad de trasmitir ideas positivas, siempre que acompañe con rigor a una voz clara, articulación correcta y adecuada entonación.

La alegría de los que animan no debe estar exenta de una notoria sencillez. Nunca la sonrisa deberá ser acompañada de excesos en el trato, pedanterías manifiestas o traspasará los límites admisibles de la cortesía, pues estas son conductas que desmeritan ostensiblemente y devienen en rechazo progresivo por parte del cliente.

La sonrisa, expresión elocuente de la alegría de los que recrean, permite una comunicación afectiva con los visitantes en torno a las actividades y propicia el mejor de los ambientes, pródigo en emociones y experiencias imborrables.

CARACTERÍSTICAS DE LOS ANIMADORES

- SON PERSONAS ENTUSIASTAS, VIVACES Y ALEGRES.
- VENCEN EL MIEDO ESCÉNICO.
- SON EXCELENTES COMUNICADORES.
- POSEEN MAGNÍFICA VOZ.
- SON PROFESIONALES CREATIVOS.
- ALCANZAN ALTOS NIVELES DE EMPATÍA.
- SON SOLIDARIOS Y COOPERATIVOS.
- POSEEN DOTES ARTÍSTICAS DIVERSAS.
- SON AUTODIDACTAS.
- DOMINAN VARIOS IDIOMAS.
- POSEEN PREPARACIÓN FÍSICA ADECUADA.
- DEBEN SER DESINTERESADOS Y AUSTEROS.
- SON DISCIPLINADOS.
- CONOCEN Y PRACTICAN DISTINTAS REGLAS HIGIÉNICAS.

Gráfico 2: Características de los animadores.

El animador es también un excelente comunicador. El aprendizaje idiomático es considerado como una exigencia mayúscula en esa labor. Pero, sí bien es cierto que este profesional debe dominar varios idiomas que le permitan relacionarse con clientes procedentes de distintos países y culturas, resulta también importante que aprenda a utilizar convenientemente el lenguaje gestual. La aceptación de las formas gestuales como parte de los complejos procesos de la comunicación humana, es un hecho cuyo entendimiento se generaliza de continuo y propicia develar insospechadas formas de transmisión de mensajes en las más disímiles facetas de la vida. La labor de animación, lejos de ser una excepción, constituye una oportunidad insustituible para atesorar esas experiencias.

Son muchos los autores que conceden gran importancia al lenguaje corporal. Muñoz, A (24,1), considera: *"... Los investigadores han estimado que entre un 60 y un 70% de lo que comunicamos lo hacemos mediante el lenguaje no verbal; es decir, gestos, apariencia, postura, mirada y expresión."* Es innegable que las posiciones corporales, gestos manuales, expresiones del rostro, de la mirada y otros, tienen un valor extraordinario durante el desarrollo de las acciones propias de la labor de animación hotelera, ya que de esa manera, el cuerpo de los amenizadores logra trasmitir ciertos significados e interactúa convenientemente con su público, contribuyendo a una más eficiente relación.

Los presentadores poseen una magnífica voz. Muchas personas atribuyen a las posibilidades vocálicas de esos individuos, sus probables éxitos profesionales. Lo cierto es que una voz dotada de gran sonoridad, de conjunto con la riqueza de contenido y expresividad del lenguaje, suele cautivar a los clientes y facilitar el desarrollo de las actividades. Pero no se trata sólo de articular correctamente, procurando una adecuada entonación que transmita los estados más positivos de ánimo, pues se han de dominar también las principales técnicas de conducción y otras asociadas al uso de la tecnología disponible. Cuando se combinan las virtudes orales, con otras de carácter corporal y tecnológico, aumentan las potencialidades de la citada labor.

Los encargados de animar llegan a alcanzar niveles de empatía insospechados a fuerza de relacionarse con personas disímiles y reconocer los sentimientos y emociones de los turistas en condiciones extremadamente distintas. La relación descrita condiciona un incremento de la tolerancia, con lo que pueden, estas personas, dar tratamiento efectivo a estados de ánimo de su público y promover el interés de los espectadores hacia una dinámica verdaderamente atrayente que los convierta finalmente en actores.

Aquel que promueve el esparcimiento en las multitudes, es una persona con gran sentido solidario y cooperativo. Una profesión tan sensible no puede estar ajena a los sentimientos de apoyo y colaboración que estimulan sobremanera las relaciones humanas. La ayuda desinteresada al prójimo es, prácticamente, un basamento de la labor de quienes ejercen el servicio recreativo, sin que existan distinciones por el sexo, color de la piel o procedencia étnica de ninguno de los participantes.

El que recrea a los demás, necesita también compartir emociones con sus propios compañeros de oficio, pues la animación es a todas luces una labor colectiva, donde la forma interrelacionada en que se desempeñen sus componentes, determina el éxito de las acciones. Nada hay más alejado de la actividad recreativa que el individualismo y la falta de colaboración.

Todo animador es creativo. La creación es una particularidad de los encargados de esta actividad hotelera, la que suele estar dirigida en muchos casos a reflejar en imágenes concretas (visuales, sonoras, musicales, literarias y de lenguaje, entre otras) los rasgos más característicos de la cultura autóctona de los respectivos pueblos y regiones, en contraposición con las formas globalizadas que imperan en la recreación hotelera contemporánea. La improvisación acertada es parte de esa creación, cualidad que permite atemperar la dinámica que se ejecuta, en correspondencia con los clientes y sus reacciones diversas.

En la creatividad del responsable de la animación intervienen determinadas condicionales: aguda capacidad de observación, percepción emocional de la realidad, dominio de los procedimientos técnicos que le permitan reflejar el entorno, así como capacidad para desempeñar la labor creadora a partir de una concentración absoluta de toda su naturaleza espiritual y física.

Estos promotores, poseen dotes artísticas diversas que son expresadas con total apego a los valores espirituales de su pueblo o región, pero lejos de cualquier manifestación de intrusismo profesional. Generalmente, los encargados de recrear, apelan a recursos como los bailes, canciones populares, declamación de poesías y hasta ejecuciones de algunos instrumentos musicales aprendidos, de gran recurrencia todos ellos para apoyar su propia labor recreativa; pero evitan, teniendo en cuenta el nivel profesional exigido para el desarrollo de esas actividades y conociendo que la carencia de conocimientos y vivencias prácticas conduce a desvirtuar las diversas expresiones del arte propio, a participar en espectáculos que requieran de fidedignas y complejas realizaciones.

Un encargado de tareas tan placenteras, es autodidacta y posee una adecuada preparación en temas diversos. Muchas son las personas de variadas culturas y nacionalidades que convergen en una instalación hotelera y llegan a demandar los servicios de animación. Por lo general, son los animadores quienes más tiempo permanecen junto a los clientes, pues les acompañan en diferentes momentos del día y la noche; de aquí que sean estos y no otros, los empleados hoteleros que establezcan un mayor intercambio con los turistas. En su interactuar con los visitantes, los responsables de recrear comparten acerca de tópicos disímiles y deben responder a una gran cantidad de interrogantes.

Es por la razón descrita que un animador no debe ni remotamente contentarse con el dominio de varios idiomas, el conocimiento de las técnicas recreacionales, o la información requerida acerca de los juegos recreativos y actividades deportivas, además de poseer buena voz y ser agradable. Es preciso también que el que anima se exprese con acierto sobre diversos tópicos relacionados con la historia universal y la geografía regional, conozca los rasgos culturales de las personas que visitan el país, refiera criterios acertados sobre el desarrollo de la industria turística en el mundo, a la par que posea amplios conocimientos sobre su propia nación, abordando aspectos de la vida cultural, histórica, económica y social de la región en que reside, entre otros aspectos.

El guía recreativo que pueda adicionar a sus dotes, la posibilidad de un diálogo ameno, instructivo e interesante sobre diversos tópicos o asuntos, no sólo se estará prestigiando así mismo, a los ojos del público, sino que contribuirá en buena medida a realzar su instalación hotelera.

Todo animador posee una preparación física adecuada. La mayoría de las actividades recreativas que se ofertan a los clientes hoteleros, de las cuales una buena parte poseen un carácter físico recreativo, exigen, atendiendo a lo profuso de la programación, de una gran movilidad y dinámica por parte de los miembros de cada elenco. En nada resulta desdeñable la importancia que adquiere la práctica física para el desarrollo de las capacidades motrices de estas personas, con lo que aumenta su eficiencia en la labor diaria, se incrementan los respectivos índices de salud y ocurre un mejoramiento de la apariencia particular; considerada esta última, como elemento importante en la aceptación del turista.

De igual manera, es imprescindible que el encargado de las labores de ocio posea conocimientos profundos de la ejecutoria física, los que les permitirán llevar a cabo de forma exitosa acciones de este tipo, sin menoscabo de la salud e integridad de los participantes. Muy importante es también el dominio lúdico, dado fundamentalmente por el aprendizaje de una gran cantidad de juegos y las técnicas esenciales para desarrollarlos con su público.

El conocimiento de las reglamentaciones atribuibles a los diferentes deportes, independientemente del carácter recreativo que estos adoptan en las instalaciones hoteleras, sin ajustes a cánones oficiales, se hace igualmente necesario pues las variantes de realización, de esa forma, se adosan en alguna medida a sus expresiones o maneras establecidas. Cualquier discernimiento sobre el tema demanda de un domino cognitivo elemental.

El desinterés y la austeridad son elementos componentes de toda caracterización del animador hotelero y esas peculiaridades constituyen parte de sus mejores atributos. El mostrar interés por objetos de valor, dinero u otras prebendas, puede parecer denigrante. La sencillez de los que animan es una cualidad muy apreciada por los clientes.

La sola insinuación de obtener ventajas materiales de la relación con el visitante es algo bien sórdido, que en nada guarda relación con los propósitos nobles que pondera la actividad recreativa. Conductas de esta índole demeritan, en mucho, el esfuerzo de cualquier instalación hotelera a favor de un servicio de excelencia.

La nobleza que genera la labor de animación tiene como mayor y justificado premio, el reconocimiento de los turistas.

Todo exponente del arte recreativo posee una férrea conducta. La disciplina, que adquiere en esta faena, diversas aristas, es un factor indispensable para el logro de resultados satisfactorios en ocasión del desempeño. En ocasiones, violar una disposición o cambiar de manera inconsulta un procedimiento laboral, constituye motivo de fracaso profesional.

Los encargados de la recreación hotelera cumplen de continuo con las exigencias propias de los diversos parámetros sociales, así como sus obligaciones laborales y personales. Sin una adecuada conducta moral es imposible ser un buen animador. Esta ocupación exige responsabilidad, cumplimiento estricto de horarios y tareas, así como de todas las normas vigentes en las instalaciones.

Los clientes, por otra parte, reconocen la dedicación y disciplina de los que les brindan tan importante prestación, con lo que establecen un tácito reconocimiento a sus virtudes, válido para una interrelación mucho más efectiva y comprometida.

Los que recrean conocen y practican distintas reglas higiénicas, con las que logran una mayor efectividad en sus actividades. Al ser ellos, los encargados de la animación, los sujetos que mayor tiempo de interacción e incluso de contacto físico alcanzan con los turistas en un hotel, requieren la observancia de medidas dirigidas a preservar su estado corporal. Entre las más representativas de estas prevenciones, aparecen la necesidad de un sueño capaz de reparar las energías gastadas durante el trabajo, la ingestión de alimentos variados, el cuidado de la piel y el lavado frecuente de las manos, así como el uso de vestimentas y calzados que le proporcionen libertad de movimientos y resulten cómodos.

Las personas que laboran en las actividades de animación deben rechazar hábitos nocivos tales como fumar e ingerir bebidas alcohólicas, además de cualquier tipo de drogas, atendiendo al peligro que pueden ocasionar a su salud. De igual manera deben evitar las relaciones sexuales inseguras y toda manifestación prejuiciada que atente contra su higiene mental y afecte, en consecuencia, la fluencia de relaciones humanas de excelencia con su público y colegas.

LAS ACTIVIDADES DE ANIMACIÓN EN UN HOTEL

Las personas que asisten como clientes a las instalaciones hoteleras disfrutan, entre otras ofertas, del servicio recreativo. La realización de una propuesta de actividades que satisfaga las necesidades de ocio de los visitantes, produce un reconocido efecto paliativo, capaz de hacer olvidar cualquier inconformidad devenida de prestaciones anteriores. Pero el mérito de estas acciones, ofrecidas de manos de los animadores, va mucho más allá de un simple estado de ánimo ocasional, ya que por su intermedio, los individuos que se recrean, alcanzan índices insospechados de beneficios físicos y espirituales, los que tributan a la adquisición de una elevada calidad de vida.

Hoy día, no obstante existir una marcada globalización en la ejecutoria de la animación, hay que reconocer también la existencia de determinadas diferencias en su realización, de manera que las programaciones llegan a caracterizar, en buena medida, la labor conjunta e individual de sus componentes, otorgándole un carácter especial a las cadenas hoteleras y en lo particular a las propias instalaciones.

No sería nada exagerado plantear que las principales divergencias encontradas entre la labor de animación de un hotel y la realizada por otros, las que le hacen ser merecedor del beneplácito y agradecimiento del cliente, radican fundamentalmente, en la calidad y variedad del servicio que llega a prestar dicho lugar, la conducta de sus encargados y de modo particular el respeto mostrado por los rasgos oriundos, los que representan el orgullo nacional como parte de esas actividades.

Producto a la carencia de materiales bibliográficos referidos al tema de animación hotelera, muchas personas desconocen cómo se idean y ejecutan sus propuestas, así como el papel fundamental que se les concede a los animadores y demás empleados de las instalaciones, en todo ese proceso. Sin una previa planificación resultaría imposible ejecutar el programa recreativo de un hotel, pues aquel carecería de elementos organizativos indispensables para su desarrollo. Es evidente que la programación del esparcimiento, ocupa un lugar preponderante en el trabajo de animación hotelera, siendo aspecto insoslayable para lograr una labor de excelencia en tan reconocido servicio.

Al programar las actividades de animación se requiere tener en cuenta, no sólo las particularidades de cada una de las acciones a ofertar, sino también los recursos necesarios para desarrollarlas, las coordinaciones pertinentes que posibiliten, en el contexto de la instalación o más allá de ella, su realización; así como otros aseguramientos que obedecen muchas veces a la experiencia alcanzada por los profesionales encargados de la recreación hotelera.

Para la determinación adecuada de las diferentes actividades de animación es preciso que se lleven a cabo precisiones puntuales, sin las cuales estas propuestas carecerían de objetividad y perspectivas loables:

- Realizar un estudio previo de los mercados que visitan el Hotel, profundizando en aspectos relacionados con los estilos de vida de los clientes (de esa forma se podrá ahondar en sus códigos culturales y en las particularidades que hacen que unos visitantes sean diferentes a los otros).

- Concebir el programa de animación en función de las necesidades de los clientes y no de los gustos o preferencias de los propios animadores.
- Programar las propuestas en correspondencia con las diferentes edades.
- Elaborar las actividades atendiendo a las distintas sesiones: diurnas (mañana, tarde) y nocturnas.
- Planificar acciones adecuadas al horario del día y que las mismas no excedan en su duración.
- Evitar esquemas rígidos en la concepción de las propuestas, de manera que esas opciones resulten proclives a la renovación sistemática.
- Concebir las actividades de forma diversa, a la vez que representativas de la propia instalación y su entorno.
- Promover, a través de la oferta de esparcimiento, el acercamiento del visitante a la cultura autóctona del país, sus manifestaciones populares, así como a los heterogéneos gustos y tradiciones de las regiones que visita.
- Evaluar los niveles de satisfacción del visitante a partir de diferentes muestreos periódicos.

Programar actividades recreativas no constituye, en modo alguno, un quehacer privativo de los equipos de animación, pues generalmente, esa labor involucra al resto de los departamentos del hotel, incluyendo su estructura directiva. La estrecha coordinación que se pueda alcanzar entre todos los factores, potenciará el desarrollo y éxito futuro de lo programado. El logro de muchas de las tareas que realizan los animadores, dependerá en buena medida del apoyo que reciban, estos profesionales, del resto de los empleados de la instalación.

El criterio de los demás hoteleros acerca de la propuesta de actividades y su posterior realización resulta de gran ayuda, pues no debe olvidarse que ellos también participan, directa o indirectamente de esas acciones, estableciendo una comunicación activa y muy importante con los turistas.

Una vez determinados los objetivos de la programación, se procede, con auxilio de todos los datos e informaciones colectados, a seleccionar las diferentes actividades. La elaboración del programa de animación debe favorecer un equilibrio entre las propuestas participativas y contemplativas, aun cuando en las segundas suele manifestarse un espíritu activo muy especial, dado el rol de integración que llega a alcanzar el cliente; aspecto que muchas veces sugiere atemperar las diversas opciones a las exigencias, gustos y opiniones de los múltiples visitantes.

El programa recreativo (contentivo de la oferta de animación) es resultado de un proceso de amplio intercambio o consulta, que considera de manera muy especial los rasgos culturales de los turistas implicados, sus anunciadas expectativas y las formas tradicionales en que estos satisfacen sus necesidades de ocio, por lo que en cada instalación se llega a constatar un carácter peculiar, con clara tendencia a condicionarse en función de los mercados mejor representados.

La aprobación del programa de actividades exige también del esfuerzo mancomunado del consejo de dirección de la instalación, el que deberá valorar cada propuesta, previendo a ese nivel los posibles aseguramientos y formas más convenientes de ejecución.

El programa de animación no está exento de obligaciones literales, lo que requiere de un esquema o estructura elemental, nada complejo, que establezca, entre sus principales componentes:

Día.
Sesión.
Hora.

Lugar.
Tipo de actividad.
Participantes.
Responsable.

Una vez considerada la oferta de actividades, la misma será divulgada por diversas vías, debiendo permanecer expuesta de manera gráfica en lugares bien visibles y previamente concebidos, posibilitando de esa forma la información sistemática a los clientes y demás personas en el hotel, teniendo en cuenta que otros empleados juegan, también, un papel muy activo en la anunciación de las diferentes opciones.

ESTRUCTURA DEL PROGRAMA DE ANIMACIÓN

- **DÍA**
- **SESIÓN**
- **HORA**
- **LUGAR**
- **TIPO DE ACTIVIDAD**
- **PARTICIPANTES**
- **RESPONSABLE**

Gráfico 3: Estructura o esquema del programa de animación.

Un contacto diario del equipo de animación con su jefe departamental les permitirá, a estos profesionales, valorar, perspectivamente, las diferentes actividades a realizar, además de controlar la ejecución anterior; sin dejar de apuntar que este momento es propicio para distribuir racionalmente las obligaciones individuales, favoreciendo con ello que todos puedan tributar, parte de su esfuerzo, a los intereses colectivos, con lo que desarrollarán un alto grado de responsabilidad y sentido de pertenencia.

Esas reuniones operativas deben realizarse en horarios que no afecten el cumplimiento de las tareas propuestas, ajustadas a las condiciones de cada lugar. En la mayoría de las instalaciones es factible desarrollarlas antes de iniciar la sesión de la mañana o previas al inicio de las acciones de la tarde.

Al ejecutar las actividades, los animadores dispondrán de su fichero técnico y elaborarán los correspondientes guiones, reconocidos ambos como documentos indispensables en la labor de animación, los que requieren ser confeccionados atendiendo a sus particularidades.

La ficha técnica es un documento que se puede presentar en tarjetas, cuyo objetivo es detallar la actividad en cuestión, interiorizando en sus particularidades, a fin de favorecer la ejecutoria y por ende la labor de los propios animadores, sobre todo la de los más noveles.

Elementos constituyentes de la ficha técnica:

- Nombre de la Instalación.
- Nombre de la actividad.
- Descripción de la propuesta.
- Horarios de realización.
- Tiempo promedio de duración de la actividad.
- Lugares de realización.
- Segmento de mercado al que va dirigido.
- Tipo de publicidad y promoción a utilizar.
- Recursos materiales necesarios para su ejecución.
- Recursos humanos indispensables para su desarrollo.

- Total de animadores requeridos en la ejecutoria.
- Coordinaciones necesarias para su desarrollo.
- Ambientación y escenografía.
- Cantidad de premios y formas de premiación.
- Observaciones generales.

El guión, por su parte, es un material confeccionado previamente por los propios animadores que detalla la tarea a realizar y les sirve de referencia para llevar a cabo la conducción, es decir, les auxilia en la formulación de los textos y diálogos. La existencia de guiones para el desarrollo de las propuestas es un freno a la improvisación desafortunada, causal entre otros males de una conducción poco profesional, incoherente, deslucida y chabacana.

Su estructura puede responder a los siguientes elementos:

- Saludo.
- Presentación de la actividad.
- Explicación breve de su contenido.
- Demostración de la actividad.
- Invitación a participar de la propuesta.
- Conducción de la actividad.
- Selección del ganador o destacado.
- Anuncio de próximas ofertas.
- Despedida y agradecimiento a los participantes.

Tanto los guiones como las fichas técnicas son documentos de consulta permanente, los que ajustarán su estructura a los aspectos que se considere necesarios. Ambos deben ser archivados convenientemente, de manera que puedan ser revisados, perfeccionados y aplicados a nuevas exigencias.

Los equipos de animación consideran la planificación semanal de las propuestas diurnas de forma reiterada, diferenciando adecuadamente un día de otro. La posibilidad de realización de las actividades diarias no debe por ello resultar esquemática, sino que tendrá un carácter mutable, obedeciendo siempre a factores tales como los tipos de mercados que arriban a la instalación y las edades de los clientes, pues como se conoce no siempre se crean las mismas expectativas; por consiguiente, son estos argumentos los que necesitan evaluarse de manera sistemática y requieren un alto grado de renovación.

La realización de las actividades diurnas puede ser muy variada y estar dirigida a diferentes áreas exteriores o interiores y en ocasiones más allá de los ámbitos del hotel, precisando conocer anticipadamente acerca de las características de los medios disponibles, estado físico y técnico de las instalaciones que se van a utilizar, así como otros detalles de interés.

Las propuestas exteriores son aquellas que se celebran al aire libre, representadas en gran medida por las físicas recreativas y deportivas terrestres o acuáticas, mientras que las que encuentran su lugar de realización en áreas techadas, son las denominadas interiores.

La realización de ejercicios físicos variados, muchos de ellos al aire libre, constituye una oportunidad increíble que brindan a sus visitantes las instalaciones hoteleras y son los profesionales encargados de ejecutar tales acciones (animadores), responsables de que estas ofertas resulten además de beneficiosas, sumamente atractivas cada vez.

Las actividades físicas recreativas terrestres al aire libre, pueden incluir propuestas como las siguientes:

- Excursiones diversas.
- Caminatas.
- Trotes y carreras por los alrededores de la instalación.
- Recorridos en bicicleta.
- Aeróbicos.

- Baloncesto.
- Tenis.
- Tenis de mesa.
- Balonmano en la arena.
- Voleibol en cancha o arena.
- Bádminton.
- Fútbol.
- Mini golf.
- Tiro con arco.
- Tiro deportivo con carabinas neumáticas.
- Tiro de argollas o herraduras.
- Petanca.
- Juegos variados.
- Carreras en sacos.
- Carreras en zancos.
- Dardos.
- Recorridos a caballo.

Propuestas físicas recreativas acuáticas al aire libre, que pueden ser practicadas en las instalaciones hoteleras:

- Aeróbicos en la piscina o la playa.
- Baloncesto en la piscina
- Polo acuático en la piscina.
- Voleibol en la piscina o en la playa.
- Juegos recreativos variados en la piscina o playa.

Es probable realizar algunas otras actividades acuáticas en coordinación con los puntos náuticos de las instalaciones localizadas junto al litoral, apoyándose para ello en las embarcaciones existentes en esos sitios y teniendo siempre en cuenta aspectos tales como la edad de los clientes y el estado de sus capacidades físicas; con lo que se ampliaría, considerablemente, la gama de opciones recreativas de todas esas personas. Los siguientes son ejemplos de tales acciones

- Competencias de kayak.
- Paseos en bicicletas acuáticas.
- Excursiones en catamaranes.
- Paseos en lanchas.
- Competencias combinadas (natación, kayak, bicicletas acuáticas).

Una oferta demandada por jóvenes y adultos en las instalaciones hoteleras es la que ofrecen los gimnasios. En dependencia de la existencia de medios, aparatos y máquinas en estos lugares se hace factible la realización de variados ejercicios destinados al incremento de la fuerza, la estética corporal y mejoramiento de la salud humana por parte de los clientes que solicitan este servicio.

La presencia de salas de juegos no es la única posibilidad que tiene el turista de practicar todo tipo de acciones lúdicas pasivas, puesto que ellas suelen ser ofertadas por todo el interior del hotel, en lugares tan puntuales como el lobby, cerca de los bares o en los alrededores de la piscina, así como en horarios diferentes.

Una buena opción en las instalaciones hoteleras es la de contar con servicio de préstamo y alquiler de juegos pasivos.

Juegos de mesa que se pueden incluir en el programa de animación de las instalaciones hoteleras: dominó, cartas, billar, damas, dama china, parchis, back gammon, cubilete, dados, solitario, baraja española, scrable, ajedrez, laberinto, monopolio, entre otros.

Otras ofertas hoteleras están dadas por las llamadas actividades musicales y la presencia de las instructivas, las que suelen desarrollarse en áreas preconcebidas, a tono con requerimientos que tributen a lograr una mayor satisfacción en los que se recrean:

- Clases de baile (reflejarán los bailes propios y tradicionales).

- Competencias de baile (constituye el momento propicio, para que los clientes puedan probar las habilidades adquiridas durante las clases).
- Clases de percusión (con la presencia de artistas invitados suelen ser más impactantes).
- Clases de coctelería (se basarán en la preparación de cocteles típicos).
- Clases de idioma (en dependencia del idioma oficial).
- Conciertos (pueden ser realizados en diferentes momentos y lugares, preferentemente en vivo y reflejando la música auténtica).
- Exposiciones (reflejarán distintas temáticas interesantes, ya que pueden estar referidas a los deportes, la música, lo social, etc).
- Encuentros con personalidades (representarán a diversos sectores de la región o país y su realización debe ser lo más amena posible).

También en las instalaciones hoteleras existe la posibilidad de desarrollar las denominadas actividades manuales, audio visuales, de naturaleza artística y entretenimientos, tales como:

- Confección de objetos artesanales
- Ferias de artesanía.
- Exposiciones plásticas creadas por clientes.
- Salas de lectura (libros de autores nacionales y foráneos).
- Audiciones musicales.
- Desfiles de modas (presentación de trajes típicos).
- Participación en concursos (preferentemente sobre la región o país de que se trate).
- Visitas a lugares históricos o museos.
- Audición o lectura de cuentos populares.

- Juegos variados de participación.
- Realización de tesoros escondidos.
- Realización de fiestas campesinas y autóctonas.
- Muestra de plantas típicas.
- Desarrollo del bingo.

La animación infantil es muy importante en el universo hotelero ya que no sólo contribuye a la recreación de los pequeños, sino que posibilita la de sus padres, seguros de que sus hijos se encuentran a buen recaudo. En los hoteles existe un área habilitada, convenientemente, para el cuidado y entretenimiento de los niños (club infantil o mini club), con la presencia de mesas, sillas pequeñas, juguetes, juegos variados, medios audiovisuales y otros atractivos para los menores.

En la programación de los niñas y niños se deben tener en cuenta sus edades, nacionalidad, diferentes idiomas, así como gustos y preferencias recreativas. La propuesta de las actividades puede entregarse a los padres en el momento de su arribo al hotel, en material impreso, acompañado de dibujos para colorear, laberintos, etc.

Entre las ofertas que caracterizan la animación infantil se encuentran:

- Paseos en bicicletas.
- Caminatas o pequeños recorridos.
- Ejercicios en la playa o en la piscina.
- Mañanas olímpicas.
- Realización de juegos populares tradicionales.
- Baños de playas.
- Competencias de construcción de castillos de arena.
- Cumpleaños colectivos.
- Actividades con magos, payasos, etc.
- Obras de teatro con títeres.
- Desfiles de modas.

- Actividades plásticas.
- Trabajos manuales artesanales sencillos.
- Confección de papalotes.
- Lecturas.
- Audición de canciones infantiles.
- Videos para infantes.
- Mini discotecas.

No siempre resulta posible realizar las actividades previstas en el programa de animación de las instalaciones hoteleras y ello ocurre por determinadas razones. Como ejemplo de estas consideraciones, hay épocas del año en que las condiciones climáticas de cada país se ven deterioradas por frecuentes lluvias, nevadas u otros motivos; pero ello no indica que los clientes tengan que renunciar a su recreación, pues para la solución de ese problema, los hoteles dispondrán siempre de un programa emergente de propuestas.

Esta planificación debe comprender acciones cuyo nivel de realización no sea muy complejo, a fin de poder realizar todos esos cambios sin ningún impedimento y en áreas más reducidas. Dicho programa contará con exigencias similares para los niveles de información al turista, los que deben siempre expresar las excusas correspondientes por las posibles molestias causadas.

Para desarrollar todas estas opciones de carácter eventual se dispondrá de sitios techados o protegidos, que en su estructura permitan el desarrollo de las ofertas planificadas con público de diferentes edades.

Entre las propuestas que pueden conformar el programa emergente, se citan las siguientes:

- Tenis de mesa.
- Bingo.
- Clases del idioma oficial.
- Clases de baile.

- Clases de coctelería.
- Juegos de mesa.
- Juegos electrónicos.
- Competencias de ajedrez.
- Competencia de dardos.
- Competencias de tiro de argollas o herraduras.
- Competencias de billar.
- Karaoke.
- Videos
- Concursos (quiz) musicales.

OFERTAS NOCTURNAS

Disfrutar de una noche en una instalación hotelera suele ser encantador, pues una especie de embrujo parece adueñarse a estas horas de sus diversas estructuras, las que cobran vida bajo las luces de decenas de luminarias, brillantes unas y mortecinas otras, dispuestas de maneras tan caprichosas como oportunas. Las sombras bajo los dinteles y más allá de los espacios limítrofes del hotel permanecen arrobadas, acariciando con su proximidad la alegría que fluye por los pasillos amplios y los patios saturados de un encanto botánico exquisito.

La dueña absoluta de la nocturnidad es la animación, capaz de colmar de ritmos, risas y espectáculos la espiritualidad del cliente y aun, en los lugares más distantes, el eco de los anunciadores parece voz celestial, verdadero preludio de una paz venida con la noche. Es tanta la magnificencia de su roce que muy pocos escapan al influjo de la inquieta fosforescencia, perfectamente apreciable como parte de la férvida dinámica y son estos, en número reducido, los que prefieren deambular por los más solitarios rincones, caminar más allá de sus fronteras o degustar toda clase de tragos, sentados en cómodas butacas. Desde esa prudente distancia, en su mundo interno, no pueden ellos sustraerse al embeleso mágico del espectáculo perceptible.

Quien no haya disfrutado jamás de esta ventura, exigua apreciación podrá tener acerca del placer humano.

Muchos animadores le atribuyen un papel fundamentalísimo a la oferta de la noche y llegan incluso a menoscabar aquellas opciones que requieren del horario diurno para ejecutarse; pero en realidad, ambas sesiones resultan igualmente importantes, pues el cliente necesita disfrutar, en cada una, de actividades tentadoras y correctamente concebidas, aun cuando el expuesto efecto nocturnal arrastre también con su encanto a los profesionales del recreo.

Aunque otras muchas acciones encuentran su nivel de realización más allá del ocaso, no existen dudas del papel protagónico que asume el espectáculo nocturno entre las preferencias de los turistas. Para lograr su mejor y más exitoso resultado han de combinarse muchas veces el talento del servicio recreativo con el de músicos, bailarines y otros actuantes, en clara alusión a lo impracticable de la autoctonía a expensas del intrusismo profesional, pues es perspectiva que carece de oficio y responsable de la transmisión falsa e inoportuna de ilusorios rasgos atribuidos a la cultura nacional.

Toda la programación nocturna se concibe, por lo general, en un período de quince días, comprendiendo una secuencia de espectáculos diarios, con lo que se evita que los visitantes que permanezcan por más de una semana en el hotel encuentren reiterativas sus ofertas. En el caso de tales propuestas, las mismas deben contribuir al conocimiento por parte de los turistas de las mejores tradiciones artísticas culturales.

Las presentaciones se organizan en estrecha relación con los días de mayores entradas y salidas de visitantes y en ellos es recomendable que aparezcan contenidos diversos, sin abusar de los denominados temas convencionales que resultan tan censurables, sobre todo cuando por su alta presencia y reiteración, constituyen óbice para la transmisión de la cultura autóctona. Aunque en sentido general se aprecian dos tipos fundamentales de espectáculos (contemplativos y participativos) atendiendo a la presencia del público en su ejecutoria, existe determinada diversidad de ofertas que responde a contenidos con cierta especialización. De esta manera son muy esperadas, entre los participantes, las galas de naturaleza musical, que incluyen elementos folclóricos identificadores de las tradiciones del patio; las representaciones denominadas como de participación, asociadas a acciones de tipo lúdicas, así como otras que por sus mensajes presentan alta comicidad y diversas variedades donde se puedan mostrar talentos múltiples.

En la elaboración de los guiones, de muchos de estos eventos, se debe contar con el asesoramiento de especialistas competentes, de modo que no ocurran distorsiones en los diversos mensajes artísticos y se obvien detalles importantes relacionados con los rasgos propios de la cultura local. Los guiones, como se ha expresado antes, deben ser archivados convenientemente, de manera que puedan facilitar la conducción al reiterarse la oferta.

La animación nocturna requiere de un trabajo mancomunado por parte de todos los integrantes de ese departamento y otros empleados hoteleros, pues en el desarrollo de los diferentes espectáculos se hace necesario un alto número de acciones de aseguramientos, sin el cual difícilmente pudiera tener éxito.

El área de espectáculos del hotel debe permanecer ambientada convenientemente, antes y después de la actividad, propiciando la más placentera estancia del cliente y con ese objetivo se brindará música grabada en los momentos previos o posteriores al show de la noche. La presencia de breves variedades resulta igualmente agradable para los turistas, a la espera de la oferta principal.

Para un momento así (espectáculo nocturno), se hacen necesarias coordinaciones con otros muchos servicios, de los que depende también el éxito de la actividad, ya bien por considerar algunas ofertas gastronómicas adecuadas al ambiente y que hacen más agradable la presencia del visitante o por garantizar aseguramientos garantes que tienen que ver con el funcionamiento óptimo de los diversos medios técnicos implicados en la ejecutoria.

La escenografía estará en función de la actividad, reflejando detalles afines con su concepción.

Las exhibiciones tendrán contenidos sanos, sin exceso de sexualidad y respetando la presencia de niños en los mismos, sin menoscabar, en lo más mínimo, los valores patrimoniales.

El trabajo de los conductores resulta relevante en los espectáculos y sin detrimento de los valores y atractivos que en ellos puedan amplificarse, es notorio el ambiente que dichos profesionales pueden lograr, de utilizar adecuadamente las técnicas establecidas para una comunicación eficiente.

La noche no concluye tras esta oferta, pues a partir de ese momento nuevas propuestas cubren las expectativas de los clientes, manifestándose de muy variadas maneras. Entre otras probables realizaciones, figuran; rincones románticos, el piano bar, serenatas, karaoke y la discoteca. La existencia de locales especializados y recursos tecnológicos indispensables, definen la posibilidad de ejecución para todas estas opciones.

Especialmente atractivas suelen ser, entre los asistentes, las actividades nocturnas en la playa de los hoteles que la posean, tales como fiestas, carnavales, juegos nocturnos, etc. No es posible describir el éxtasis presente entre los clientes en condiciones tales, ya que al encanto de la escena pletórica de sensaciones diversas, se une el que emana de la nocturnidad a expensas de la brisa galopante o al bramido ahogado de las olas deshaciéndose sobre la arena mullida.

LA AUCTOCTONÍA COMO MEJOR OPCIÓN

La animación en los hoteles debe poseer un carácter eminentemente estratégico, capaz de posibilitar al visitante la valoración que le merece el país o región que visita, de aquí que sea necesario responda a condiciones propias o auténticas. Son esos requerimientos los que permiten descubrir tradiciones, cultura, historia y revelar otros detalles de interés.

No es extraño que muchas de las personas que viajan hasta una región distante con la expectativa de disfrutar de agradables propuestas autóctonas, se sientan finalmente defraudadas ante la carencia de esas opciones. La posibilidad de conocer acerca de las insatisfacciones de los turistas alojados en las diferentes instalaciones hoteleras, puede estar dada por la valoración de los estudios de opinión del cliente, los que constituyen una vía muy útil para percibir detalles de la demanda recreativa.

Los criterios vertidos a través de las encuestas aplicadas, expresan, en ciertos casos, cuán insuficientes suelen ser tales propuestas, atendiendo sobre todo a los tópicos relacionados con la amplificación de los valores culturales propios. Los siguientes son ejemplos de inconformidades aparecidas en diferentes comentarios de clientes:

- Me gustaría una animación tradicional.
- Deseamos ver más animación auténtica.

- Me gustaría ver animación tradicional y bailes tradicionales.
- Deben ofrecer clases de ritmos locales.
- Deben poner música local en el Lobby y en los bares.
- Deben ofrecer más música local.
- Falta música tradicional en vivo.
- No me gusta la música foránea en la piscina.
- Deben explicar costumbres y músicas propias.
- Deben ofertar más espectáculos típicos tradicionales.
- Podrían proyectar películas y videos sobre la región.
- Faltan clases de idioma y cultura local.
- ¿Qué elementos caracterizan la cultura de este pueblo?
- Es siempre lo mismo, como en todos los hoteles del mundo.

Con frecuencia, es factible conocer tales insatisfacciones de manera directa, sin tener que recurrir a la aplicación de encuestas, a través del diálogo con los animadores, en el contacto diario con el resto de los empleados, así como por intermedio de los representantes de los turistas, los que mantienen una sistemática relación con el hotel.

Para los animadores resulta muy útil disponer de los criterios de sus clientes, pues a partir de una valoración crítica de las deficiencias expuestas por los usuarios, podrán dar pronta solución de todas aquellas cuestiones que resulten proclives a perfeccionarse.

La existencia de opiniones similares a las aquí mostradas, requiere de un continuado proceso de amplificación de las más representativas riquezas culturales, el que lejos de limitarse a un momento o espacio determinado, precisa de extrema periodicidad; sin dejar de apuntar que la existencia en la programación de temáticas afines representa la base para el logro de tales aspiraciones.

En función de mostrar lo más auténtico, la programación de actividades se nutrirá de diversas posibilidades, a tono con las diferentes sesiones. Ejemplos de propuestas que pueden ofertarse en una instalación hotelera para resaltar la autoctonía:

- Caminatas: La perspectiva de realizar actividades físicas recreativas constituye una excelente opción para cualquier persona, ya que las mismas habrán de tributar al mejoramiento de su estado de salud, pero son también una vía excelente para conocer los sitios de interés natural y social localizados en los alrededores de las instalaciones hoteleras; por lo tanto, son una variante efectiva para mostrar al turista los encantos de cada región, su flora y fauna, así como otros disímiles detalles. Este tipo de actividad se recomienda realizarlo en las primeras horas de la mañana, en dependencia del clima de la región. La posibilidad de efectuarla, acompañados de animadores, propicia además de su espíritu contemplativo, la explicación amplia, ofrecedora de toda clase de elementos recurrentes.
- Recorridos en bicicletas: Es una oportunidad realizable, de igual manera, en las primeras horas de la mañana y como la anterior, permite mejorar el estado de salud de las personas, además de conocer de cerca el paisaje de la localidad. La realización de esta propuesta requiere, para mayor seguridad, del acompañamiento de uno o más guías recreativos, los que igualmente se preocuparán por exponer sus conocimientos acerca de la región y sus atractivos.
- Visitas a lugares naturales: Son acciones que tienen diversas formas de realización y distintos horarios. Su ejecutoria permitirá mostrar, a los visitantes,

los intereses sociales y las bellezas naturales más cercanos a la instalación hotelera.

- Juegos deportivos: Son recomendados ya bien durante las primeras horas de la mañana o en horario avanzado de la tarde y su ejecutoria ofrece la posibilidad de que los animadores brinden una información breve acerca de los juegos y deportes más representativos del país o región.

- Encuentro con personalidades: Su momento de ejecución puede ser en el horario de la tarde. Los invitados podrán representar diversos sectores del país o la región, es decir: deportistas, artistas, intelectuales destacados, etc. Las personalidades deberán ser presentadas, convenientemente, por intermedio de los conductores de la actividad, lo que requerirá la lectura de una breve reseña personal, contentiva de sus éxitos.

- Clases de idioma: Esta actividad se puede desarrollar en cualquier momento del día, pero fundamentalmente en las mañanas, recurriendo a la enseñanza de frases comunes entre los nativos de la región, evitando siempre los vulgarismos y las obscenidades; todo esto permitirá acercar más al turista a expresiones propias del lugar que visita.

- Clases de coctelería: Se pueden llevar a cabo en diferentes momentos del día. Se debe insistir, siempre, en la confección de tragos emblemáticos del país o región.

- Clases de bailes típicos: Son realizables en distintos momentos e incluirán los bailes típicos y del folclor propio, así como otros de naturaleza popular.

- Presentación de danzas típicas: De la misma manera se pueden practicar en las tardes o durante las noches, en ocasión de los espectáculos, alternando con la celebración de otras actividades y las mismas servirán para mostrar al cliente las diversas raíces culturales propias.

- Conciertos en vivo: Se pueden realizar durante la tarde y la noche, ya bien en las áreas de espectáculos o en sitios de alta concentración de asistentes, entre los que aparecen muy tentativamente los alrededores de la piscina. Estas descargas deben mostrar la calidad artística de las agrupaciones locales. Un elemento indispensable en dichas presentaciones es que siempre se oferte música local, con lo que se alcanzaría el máximo deleite de los turistas asistentes.

- Espectáculos nocturnos: Permiten una combinación de los ritmos auténticos con sus correspondientes expresiones danzarias, al mostrar una variedad amplia de ellos; aunque es posible dedicarlos a cuestiones muy particulares como lo folclórico, popular, etc.

- Creación de rincones musicales con el cancionero popular. Estos espacios serán dedicados a la amplificación de la cancionística local.

- Desfiles de modas: Su momento de realización debe ser, preferentemente, en las tardes o en el horario nocturno y deberá incluir vestidos tradicionales. Muy bien se pudieran aprovechar para presentar prendas típicas, relacionadas con la cultura y las tradiciones de la localidad.

- Juegos recreativos de participación: Son muy recurridos en la animación hotelera, en distintos momentos del día o la noche. Se recomienda realizar, como parte de ellos, diferentes juegos tradicionales.

- Ferias de artesanía: Son practicables durante todo el día y en coordinación con artesanos, los que entre otras cuestiones deberán garantizar la elaboración de piezas in sito. Poder disfrutar de un área dedicada a estos fines es de gran interés para el turista, ilusionado con llevar hasta su país, pequeños y gratos recuerdos de su estancia en la región.

- Exposición de fotos variadas: Mostrarán aspectos relacionados con el acontecer nacional, histórico y geográfico, además de otras cuestiones de interés.

- Exposición del lugar de la fama: Servirá para exponer las fotos de destacados deportistas y artistas locales, en un sitio de gran afluencia de turistas dentro del hotel, tales como el lobby o los salones de juegos, donde además, podrían habilitarse libros de visitantes para recoger la firma de las personalidades y clientes que visiten la instalación.

- Conferencias: Son actividades que pueden realizarse durante las mañanas o en las tardes, abordando temáticas diversas y para ello deben tenerse en cuenta los intereses de los turistas. A su desarrollo pueden ser invitadas diferentes personalidades, asegurando las vías para una correcta traducción.

- Acompañamientos de cenas: Durante los almuerzos y las cenas se presentarán tríos o agrupaciones artísticas de pequeño formato que podrán interpretar números del cancionero popular, acompañando de esa manera al servicio gastronómico.

- Concursos sobre la región: Se realizarán a cabo utilizando diversos temas los que pudieran versar sobre geografía, flora, fauna e historia de la región. Se pueden incluir convocatorias fotográficas.

Gráfico 4: Importancia de lo autóctono en la animación.

Hay actividades que se fomentan en las instalaciones hoteleras, las que representan, por su carácter, organización y nivel de especialización, acciones puntuales dirigidas a grupos determinados de clientes y otras que forman parte de espacios temáticos presentes en la programación ordinaria, las cuales contribuyen a divulgar de manera efectiva los valores culturales autóctonos de las distintas regiones. A las mismas se les atribuye un carácter especial, sobre todo por los niveles de realización y aseguramientos materiales que llegan a demandar.

Estas propuestas, catalogadas como especiales, requieren de una adecuada coordinación entre todos los elementos que conforman la instalación; porque de seguro, precisan el concurso de varios departamentos y sus numerosos empleados.

Como ejemplo de tales acciones, citamos las siguientes:

- Cenas especiales.
- Fiesta de repitentes.
- Día nacional.

Cuando en una instalación los visitantes no reciben importantes y variadas ofertas autóctonas, se llegan a sentir sensiblemente frustrados, cuestión que exteriorizan de maneras diversas, llegando a mostrarse excesivamente quejosos y todo ello, pudiera comprometer su probable repitencia. Como se ha señalado antes, las encuestas de opinión reflejan de inmediato esas inquietudes y son elementos indispensables para la toma de decisiones puntuales.

LA MÚSICA EN LA OFERTA HOTELERA

Cada pueblo o región posee su música auténtica, la que deviene en sello indeleble, capaz de mostrar, en concordancia con otras expresiones, la sensibilidad y pasiones de sus gentes. Esta manifestación es reconocida como producto espiritual, devenida de la creación profusa, a la par que de las necesidades humanas de exteriorizar sentimientos diferentes. La música es como el bálsamo de los pueblos, expresión inefable que precave la tranquilidad del alma y remanso gozoso donde se agolpa la paz. La historicidad musical de los pueblos es parte de su más excelso patrimonio.

El abordaje de este tema dentro de la animación hotelera requiere profundizar en sus elementos históricos sociales, los que dieron paso a los ritmos nacionales a partir de un proceso, casi siempre reconocido, de fusión.

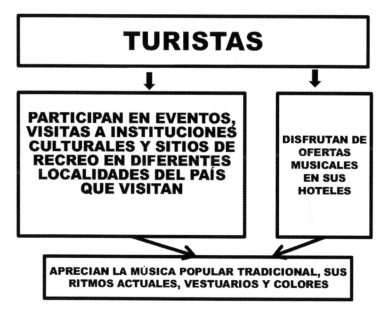

Gráfico 5: ¿Cómo se conoce la música del país visitado?

El arte actual muestra una amplitud de creación popular verdaderamente admirable y la música no es ajena a tales éxitos. Todo ese esplendor lo podrán percibir de manera fehaciente, las personas que visiten cualquier región del planeta y que accedan a las diversas instituciones culturales, así como a sus comunidades cargadas de expresiones artísticas cotidianas. De aquí que sea tan importante el papel que desempeñan la animación hotelera y otros factores extrahoteleros, en la amplificación de lo autóctono de cada lugar o país.

Es cierto que muchos turistas prefieren conocer de cerca los atributos del territorio que han escogido como destino y para ello visitan sus distintas localidades, pudiendo participar, incluso, de la vida social de sus pobladores, así como detallar en costumbres y tradiciones. Eso les da la posibilidad de concurrir a sus eventos, instituciones culturales, sitios de recreo y a través de ellos apreciar, entre otros aspectos de gran valor, la música popular tradicional, sus ritmos actuales combinados con danzas, vestuarios y gran diversidad de colores. No obstante, una parte de ellos, permanece dentro de los hoteles, a la espera de presenciar un buen espectáculo u otra oferta cultural tentativa.

Las instalaciones hoteleras, desde el momento mismo del arribo de los clientes, tienen la posibilidad de ponerles en contacto con la rica historia musical del país que visitan, sus ritmos y excelentes expresiones danzarias; pero no siempre sucede que los mensajes sean verdaderamente autóctonos, por lo que esta perspectiva, en algunos casos se hace nula y en otros actúa como un factor negativo, al realizarse sin el debido rigor profesional.

Algunos especialistas pretenden asignar determinados momentos a la programación y divulgación de la música nacional ofrecida en las distintas instalaciones, con relación a la foránea. Hay quienes abogan por un mínimo de ritmos extranjeros, mientras otros los ofertan atendiendo a posibles gustos personales. Ambas cuestiones marcan un claro enfoque autoritario. En realidad, lo que se intente amplificar debe atender a las expectativas del cliente, a sus gustos y preferencias, con un ofrecimiento claro de los valores nacionales; sin que ello constituya fórmula estática o inmutable. Se trata pues de lograr una opción inteligente, basada en gustos y opiniones, sin renunciar a la correcta generalización de todo tipo de propuestas y combinación de enfoques.

Para que la estancia transcurra feliz y se logren altos índices de satisfacción en los turistas, es preciso partir de una excelente programación, donde se combinen de manera acertada las posibilidades que brindan los valores culturales del patio con la profesionalidad del equipo de animación. El mensaje musical debe resultar variado, a tono con el lugar y el momento en que se oferte, explotando en su concepción diferentes vías, las que en la mayoría de los casos forman parte de sus propias acciones.

Ejemplos de propuestas de animación hotelera vinculadas a la amplificación de la música nacional.

- Audiciones con propuestas populares y tradicionales (grabada).
- Música en vivo con agrupaciones de pequeño formato.
- Espectáculos autóctonos.
- Espectáculos folclóricos.
- Videos musicales a través del canal interno.
- Exhibición de fotos de glorias de la música local.
- Exhibición de instrumentos musicales folclóricos.
- Exhibición y venta de discos locales.
- Encuentros con personalidades de la música local.
- Creación del rincón de la música popular.
- Clases de bailes autóctonos y populares.
- Competencias de bailes.
- Concursos (quiz) musicales sobre diferentes ritmos y canciones.
- Debates sobre música local.

La enseñanza de los bailes autóctonos está muy íntimamente ligada a la difusión de la buena música nacional; actividad que logra satisfacer, en gran medida, las expectativas de los visitantes y resulta muy de su agrado, atendiendo también a los valores recreativos que posee y la posibilidad de confraternizar agradablemente con otras personas.

Los animadores, al realizar sus clases de baile, tendrán siempre en cuenta que los ritmos locales no resultan familiares al cliente, por lo que deben ejecutar conteos de pasos acompasados y evitar la utilización de bromas de mal gusto, que puedan herir la sensibilidad de los turistas durante el desarrollo de las mismas.

Existen otros elementos que tributan al empeño de amplificar los valores musicales, aun cuando requieren de coordinaciones eficientes con terceros, dentro de las propias instalaciones. Como muestra, se puede lograr, a través de las tiendas habilitadas en los diferentes hoteles, una amplia oferta disquera que permita la adquisición de propuestas grabadas por parte de los turistas.

De igual manera, se propondrán otras posibles ofertas entre las que figuren ventas de instrumentos, afiches alegóricos y revistas especializadas.

Esencial, resulta la información musical que los animadores proporcionan directamente a los clientes, por lo que de continuo deben preparase y ampliar sus conocimientos acerca de esta temática. Sobre el particular se ha hecho referencia, insistentemente, a la necesidad de la preparación integral de los empleados que desarrollan la oferta recreativa.

La presencia de la autoctonía redundará en el grado de satisfacción de los visitantes, motivo adicional para que mediten acerca de un pronto regreso y reencuentro con el país visitado.

EL DEPORTE Y LAS ACTIVIDADES FÍSICAS RECREATIVAS EN LA ANIMACIÓN HOTELERA

Numerosas han sido las investigaciones que han puesto de manifiesto el papel desempeñado por la cultura física y el deporte en la elevación de la productividad del hombre, sustentadas todas ellas, en los benéficos efectos que dicha práctica provoca a la salud humana; lo que constituye un elemento importante para que se manifieste, cada vez más, el papel de dicha actividad en función de la organización del descanso y aprovechamiento sistemático e inteligente del tiempo libre de las personas y se acreciente la cifra de practicantes.

Está claro, para la mayoría de los seres humanos, que el deporte y el ejercicio físico, asociados al control del peso corporal y la eliminación del tabaquismo, pueden influir notablemente en el alargamiento de su vida, así como dotarla de una mejor salud. Tales consideraciones han motivado la realización de múltiples campañas sobre el tema, de manera que exista una mayor conciencia acerca de las virtudes que le son inherentes.

La práctica deportiva y de ejercicios físicos ejerce importantes beneficios sobre la salud humana. Elementos aportados por los autores Rubalcaba Ordaz, Luis y Canetti Fernández, Santos, (37,12) han permitido distinguir los siguientes:

- La cantidad de sangre se incrementa en el sistema circulatorio, lo que deviene en probable aumento en la cuantía de hemoglobina, que es la encargada de trasladar el oxígeno a los diferentes tejidos.
- Los pulmones se tornan más eficientes como consecuencia de haberse fortalecido toda la musculatura que interviene en la dilatación y contracción de dichos órganos.
- Los vasos sanguíneos pequeños aumentan en número, con lo que se amplía la posibilidad de una mayor y mejor transportación del preciado elemento a cada una de las células del cuerpo.
- La frecuencia cardiaca se acrecienta y esto favorece que las células eliminen sus desechos fácilmente y reciban más oxígeno.
- Los vasos sanguíneos se tornan más flexibles, con lo que se evita la acumulación de depósitos (ateroscleróticos).
- La mente del hombre se torna más positiva, lo que actúa favorablemente en el desempeño social y en el mejoramiento de su accionar.
- El torrente circulatorio que irriga el cerebro se acrecienta, con lo que aumenta el flujo de glucosa y oxígeno, elementos necesarios en su funcionamiento.
- El intestino mejora su actividad, ayudando a los músculos del tracto digestivo a mover el material de desecho.
- Se desarrollan las capacidades motrices, mejorando al logro de un individuo más apto y preparado para enfrentar los retos productivos y otros vinculados a la subsistencia.
- El tejido muscular se tonifica y fortalece, lo que deviene en el favorecimiento de la estética corporal del hombre.

- Las enfermedades degenerativas de involución y atrofia muscular son contrarrestadas, disminuyendo los factores de riesgo en ese tipo de afecciones.
- El tiempo socialmente útil del hombre se prolonga, con lo que favorece sus resultados productivos
- La actividad sexual de las personas mejora.
- El cuerpo humano adquiere menos peso específico, ya que existe una disminución considerable de las reservas de grasas y agua.
- Los niños preparan su organismo para las funciones de la vida adulta.

Referirse al tema de las actividades deportivas y físicas recreativas en la animación hotelera, requiere por igual de un abordaje inicial acerca de los orígenes y evolución de tales prácticas, con el objeto de comprender, con mayor amplitud, el alcance de esas acciones y la gama de posibilidades que estas ofrecen.

Aunque sin vislumbrar los efectos benéficos de su ejecutoria, el hombre realiza ejercicios corporales desde tiempos remotos. Las carreras, los saltos, los lanzamientos y otras acciones fueron parte de la vida cotidiana de los seres humanos, motivadas ellas por la subsistencia.

Todas las civilizaciones antiguas, según evidencias encontradas, desarrollaron actividades vinculadas a la actividad muscular.

Fue en la Grecia Antigua donde se organizó y desarrolló considerablemente el deporte dando origen a los juegos regionales y olímpicos. El Imperio Romano se encargó de destruir tales prácticas, imponiendo según sus ideales, nuevas formas de participación y transformando las modalidades deportivas en espectáculos horriblemente sangrientos.

El estudio histórico del acontecer de la actividad física y deportiva permite afirmar que dicho movimiento ha estado siempre en constante y profunda evolución, respondiendo esas transformaciones a contextos políticos, económicos y sociales.

Pierre de Freddi barón de Coubertin pedagogo y pensador francés (1863-1937), alcanzó la gloria al restaurar los Juegos Olímpicos Modernos y crear el movimiento olímpico, siendo el más genuino y firme representante del deporte puro y sano.

El deporte moderno es un elemento inseparable de la cultura y la vida de los pueblos. Muchas disciplinas practicadas en diferentes latitudes son consideradas como nacionales y motivan la presencia de infinidad de espectadores en diversas instalaciones.

Hoy pudiera decirse que es real el proceso de universalización de la Educación Física y deportiva en casi todas las sociedades, al menos por haberse aceptado sus valores educativos formativos y de salud. Esa concientización de los individuos, con relación a los beneficios de la cultura física, es cada día más globalizada y no es de extrañar que forme parte de las mejores costumbres.

En una instalación turística la ejecutoria de actividades físicas recreativas, abarca la celebración de opciones diferentes, entre ellas las competitivas, dirigidas a personas que en su gran mayoría no son atletas y que en muchos casos carecen de algún tipo de entrenamiento. Entre estas alternativas y la práctica deportiva existen diferencias, las que radican en el carácter (festivo y recreativo) de las primeras, el tiempo de duración (por cuanto no se adapta a los requerimientos de la disciplina), lugar donde se realizan (no necesita siempre de áreas acorde con las reglas establecidas) y los medios requeridos (se logran sustituir por otros).

A diferencia del deporte de rendimiento, donde lo competitivo es un fin, en las modalidades recreativas, que incluyen las que se practican en los hoteles, la competencia es un medio. En este tipo de actividades pueden ser obviadas algunas de las reglamentaciones de las disciplinas, sus técnicas, tiempo de duración, número de participantes, entre otros aspectos; por consiguiente, se pueden disponer otras variantes adaptadas al terreno y condiciones de juego, aunque en esencia prevalezcan las más reconocidas, de manera que el cliente advierta que está practicando esta y no otra ejecutoria. Esas opciones, en todo caso, permiten que el turista disfrute a plenitud diversas propuestas, sin que se manifiesten esfuerzos excesivos.

Casi siempre ocurre que los programas de animación hotelera brindan la posibilidad de competir en variadas ofertas físicas recreativas, las que aportan gran placer a los clientes.

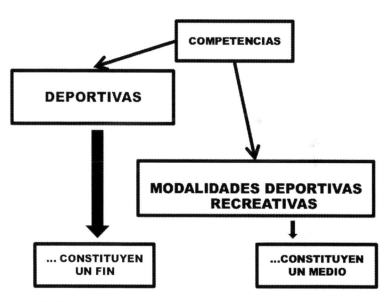

Gráfico 6: Diferencias entre las actividades deportivas y las físicas recreativas.

Por ser estas competencias fundamentalmente colectivas, su realización permite la presencia de numerosos turistas, cada vez, procurando que confraternicen entre ellos, sin distinción de nacionalidad y logrando que puedan satisfacer sus respectivas necesidades de ocio. Estas actividades deben estar dirigidas, indistintamente, a todos los clientes, sin que existan barreras de sexos, razas o edades.

Como se ha explicado, la práctica de estas modalidades se realiza al aire libre, facilitando con ello su ejecución de forma sana, lo que evidentemente le hace ganar adeptos. Debe recordarse que es muy extendida en el mundo, por tanto entre los turistas, la aceptación del anunciado beneficio que reporta la actuación deportiva a los seres humanos.

Para desarrollar felizmente estas actividades, con el consiguiente nivel de satisfacción de los clientes, es necesario que las personas encargadas de llevarlas a cabo, los animadores, posean excelente dominio de la disciplina; lo que les permitirá al actuar como árbitros, aplicar correctamente las reglas previamente acordadas o definidas, discernir sobre jugadas difíciles y hacer las aclaraciones pertinentes. Se debe puntualizar, una vez más, que los animadores no deben participar directamente como jugadores, a menos que el número de clientes así lo exija, para poder garantizar la celebración del evento.

Principales competiciones deportivas que pueden ser practicadas en las instalaciones hoteleras:

- Tenis de mesa.
- Voleibol en terrenos, de playa o en piscinas.
- Fútbol.
- Futsal.
- Baloncesto en terreno o de piscina.
- Balonmano en la arena.
- Tenis.
- Tiro con arco.
- Tiro con fusil reducido.
- Polo acuático en la piscina.
- Bádminton.

- Golf.
- Ejercicios con pesas.
- Aeróbicos.

La mayoría de las modalidades recreativas requiere áreas para su realización y en el caso del tiro con arco, así como con fusil reducido, los hoteles favorecerán la creación de terrenos rústicos, de manera que existen todas las garantías que posibiliten la protección e integridad física de los clientes.

Hay sitios que se ven beneficiados por su entorno y al disponer de terrenos más amplios, pueden incluir modalidades como el béisbol o el softbol.

Son muchos los hoteles que poseen magníficos perímetros, con todos sus elementos en perfecto estado, pintados y dotados de una correcta delimitación de líneas. Algunos de ellas poseen luces, lo que les permite funcionar en horarios nocturnos. Especial atención deben prestar los animadores a la limpieza y organización de las citadas áreas, enarbolando así preceptos inviolables que establecen la necesidad de contar con una higiene óptima, en función de una elevada calidad del servicio de animación.

Como se ha podido apreciar y se reitera acá, la gran mayoría de las actividades diurnas que ocurren en las instalaciones hoteleras, tienen su lugar de ejecución al aire libre y eso es otro elemento de gran aceptación por parte de las personas que visitan una región cualesquiera. Pero es real que otras muchas acciones físico deportivas encuentren su lugar de realización bajo techo, aun cuando no se descarta la posibilidad de poder realizarlas, en contacto con el aire puro. Ejemplo de tales opciones los tenemos en los ejercicios aeróbicos igualmente ejecutados en gimnasios, albercas y en la playa de los hoteles.

Esta práctica, según Rubalcaba Ordaz, Luis y Canetti Fernández, Santos, (37,22), constituye una nueva modalidad de gimnasia que comenzara a practicarse en la década de 1970, se dice que en Inglaterra y extendida con rapidez a otros países, alcanzando gran popularidad, sobre todo entre las mujeres. A partir de ese momento ha tenido diferentes nombres en los distintos países donde se ha llevado a cabo, tales como: gimnasia aeróbica, discoteca deportiva, aeróbicos, danza gimnástica y ejercicios aeróbicos; siempre basando su ejecución en el ritmo, de manera que la cantidad de movimientos coincida con las frecuencias de las contracciones del corazón y se subordine al compás de la melodía.

El valor de estos ejercicios radica en que fortalecen los sistemas cardiovascular y respiratorio neutralizando las tensiones, elevando el tono muscular de las diferentes regiones del cuerpo y ayudando a la movilidad de las articulaciones, lo que determina que requieran de una adecuada dosificación de la carga que va a recibir el organismo. Estas prácticas requieren ser impartidas por personas que hayan asimilado una necesaria preparación y sean, ellas mismos, profundas conocedores de la cultura física.

Una variante de estas actividades al aire libre lo constituyen los acuasice, cuya realización ocurre en albercas o playas, también al compás de la música, lo que las hace sumamente atractivas; por lo que no es extraño que devengan en verdaderos espectáculos masivos.

Por otra parte y como muestra de posibles actividades techadas, se encuentran las realizadas en el Gimnasio. Esta opción permite la realización de ejercicios destinados a desarrollar la fuerza corporal y requiere de discos y barras con pesos diferentes, así como de máquinas especializadas.

Variantes físicas recreativas que se realizan en los hoteles son:

- Paseos en bicicletas.
- Paseos a caballo.

- Juegos olímpicos deportivos recreativos.
- Caminatas.
- Actividades en la playa.

Los ejercicios practicados durante las primeras horas de la mañana favorecen al organismo con la eliminación de toxinas que se acumulan durante el sueño y permiten la liberación de las energías acumuladas, producto del alimento ingerido la noche anterior. Para ese horario son recomendables los paseos en bicicletas, las caminatas o las carreras.

Al desarrollar diferentes carreras o trotes por los alrededores de la instalación, los animadores propiciarán que las mismas se practiquen sobre una superficie suave, siendo el césped una opción adecuada. Con la observancia de todos esos detalles sería posible evitar traumatismos lamentables. Por otra parte es recomendable orientar a los interesados, convenientemente, de manera que la ropa y el calzado utilizados en estas actividades, sean cómodos y les proteja de todo tipo de irritaciones.

Todas las personas, incluidas los deportistas bien entrenados, necesitan una preparación previa a la realización de cualquier actividad física. Dicho proceso de adaptación al ejercicio corporal limita la ocurrencia de lesiones, por lo que los animadores deben facilitar, antes de la ejecución de acciones de ese tipo, que los clientes realicen ejercicios de movilidad articular y elevación del pulso.

Cuando la temperatura está muy alta, no se deben realizar ejercicios físicos intensos. Durante el verano, sobre todo en países muy cálidos, el grueso de las actividades deportivas recreativas debe efectuarse en el horario de la mañana o bien avanzada la tarde.

En muchos hoteles se celebran competiciones mixtas de animación física recreativa, a las que se denominan "Olímpicos". La materialización de esas actividades constituye una magnífica oportunidad para pasar una tarde de maravillas, ya sea en la alberca, la playa o en otro sitio del hotel, pues durante la celebración de los mismos se logra crear un especial clima de competición fraternal, así como una agradable estancia del visitante.

En torno a la celebración de esta oferta deben decorarse las áreas involucradas con elementos alegóricos al movimiento olímpico, tales como la exposición de pancartas y telas donde aparezcan graficados los aros emblemáticos del olimpismo, símbolos deportivos, etc.

Al seleccionar los equipos que representarán a los clientes se hará de manera que combinen las diferentes nacionalidades y prime un ambiente también de solidaridad, sin otras rivalidades que las propias que emanen de la competencia.

Este programa consiste en una selección de juegos y modalidades deportivas recreativas, los que estarán en correspondencia con las aspiraciones de movimientos de los asistentes.

Ejemplos de actividades que pueden ser realizadas durante la celebración de los olímpicos:

- Voleibol de playa.
- Voleibol en la piscina.
- Baloncesto en la piscina.
- Competencia de tiro con fusil reducido.
- Selección del más fuerte.
- Selección de las mejores piernas.
- Competencias de argollas.
- Polo acuático.
- Recogida de cubiertos u otros objetos del fondo de la piscina.
- Competencia de dardos.

En estas, como en el resto de las actividades competitivas que se realizan en el hotel, los animadores actuarán como árbitros, narrando lo que ocurra en ellas y teniendo presente que no deben excederse en su ejecución. En todos los casos deberán concluir con la premiación de los ganadores.

Al visitar un país o región determinada, el cliente no sólo tiene la posibilidad de practicar modalidades deportivas, sino también conocer los resultados de esas comunidades, visitar sus instalaciones, admirar a sus campeones y presenciar competencias de altísimo nivel. Corresponde a los animadores divulgar los éxitos en la actividad física de su país o región e invitar a los visitantes a ser partícipes de tales oportunidades, por lo que deberán acometer acciones muy puntuales entre las que figuran:

- Encuentro de clientes con deportistas destacados y previamente invitados a la instalación.
- Conferencias desarrolladas por especialistas en Cultura Física.
- Vídeos de competencias relevantes donde intervengan atletas locales.
- Visitas dirigidas a espectáculos en diversas instalaciones.
- Lectura de revistas, libros y periódicos donde se refleje la realidad deportiva de la región o país
- Exposiciones sobre los logros en diferentes deportes.

Otra ejecución adosada a la práctica física recreativa tiene su basamento en la realización de diferentes juegos.

LOS JUEGOS EN LA ANIMACIÓN

Los juegos son actividades muy recurridas en el trabajo de animación hotelera. La práctica lúdica puede tener incorporados o no elementos deportivos, físicos recreativos y estar presente en acciones diversas de la programación, incluso dentro de los propios espectáculos, requiriendo de una adecuada preparación por parte de los animadores.

La literatura lúdica tiene la peculiaridad de ser extremadamente voluble o versátil, sobre todo a partir de sus diferentes definiciones. No radica ello, de modo alguno, en la impericia de esos autores, pues tal diversidad obedece, en primer término, a la propia riqueza existencial de estas expresiones y por constituir, estas acciones, parte importante del quehacer de la sociedad.

Es así que aparece una gama amplia de criterios u opiniones, la que apunta hacia variadas concepciones. Lo cierto es que a pesar de tales complejidades, la acción de jugar, sirve en muy buena medida de sostén al comportamiento humano.

El término jugar, implica la realización de ejercicios recreativos sometidos a reglas en los que se gana o se pierde, aunque otros lo definan como hacer cosas por las que no se recibe nada a cambio, constituyendo esa actividad, una excelente herencia de esparcimiento que nos viene de tiempos ancestrales y que acerca al hombre al universo fantástico de la infancia.

Al principio, estas realizaciones requerían de instrumentos muy simples, pero con el paso de los años se fueron perfeccionando en la misma medida que variaba el desarrollo de las sociedades; con lo que han llegado a ser parte importante de las formas recreativas humanas en diferentes épocas.

El juego interviene en la posibilidad de que los individuos alcancen un equilibrio emocional y buena forma psicológica, además de adecuada preparación física general y el logro de mejores índices de salud. La ejecutoria lúdica se apoya en los estados de ánimo de las personas y en sus necesidades de movimiento, coadyuvando a la formación de hábitos y habilidades.

Esta propia acción puede ser también interpretada como una actividad necesaria al organismo humano en crecimiento, además de ser vislumbrado como un fenómeno biológico y sociológico, siendo (el juego), para algunos, la realización más pura y espiritual del ser humano. Por otra parte, representa una competencia gratuita, donde se refiere la ausencia de intereses. Esta ejecutoria deviene, al mismo tiempo, como signo de madurez, resultando tan instructivo como el estudio y siendo capaz de proveer a las personas de elementos cognitivos importantes.

Gráfico 7: Posibilidades del juego.

Estas acciones como factores integrantes de la cultura popular han sido víctimas de un proceso de deterioro; también, entre otras cuestiones, por la práctica desmedida, asociada a formas actuales de animación turística. La pérdida de valores que acompaña al convencionalismo recreativo no constituye, en modo alguno, un precepto que revolucione la sociedad con sus expresiones reiteradas y participativas, sino un freno para la amplificación de los verdaderos valores culturales autóctonos. Lo ideal es que sea a través de la animación hotelera que se promueva la ejecutoria de la práctica lúdica auténtica, con arreglo a la preservación de las formas populares y tradicionales.

Las expresiones propias del juego no necesitan para su aplicación de reglamentaciones rigurosas, ni de instalaciones sofisticadas o específicas.

Las variantes lúdicas responden a una gran cantidad de clasificaciones. Hay quienes los definen, a partir del uso que hacen de ellos como interiores y exteriores. Las interiores se realizan en salas y locales techados, mientras que los exteriores encuentran su práctica en áreas abiertas tales como playas, plazas, piscinas, etc.

De acuerdo al medio en que se desarrollen las acciones lúdicas se pueden clasificar también, en acuáticas y terrestres.

Es tan amplia la gama de propuestas conocidas, que sería verdaderamente interminable hacer referencia, en el presente trabajo, a todas aquellas formas que pudieran encontrar su ejecutoria en el contexto hotelero y resultan más propias de un texto especializado.

Al realizar diferentes juegos, en una instalación hotelera, debe tenerse en cuenta que los mismos sean del agrado de los clientes, contribuyan a crear un ambiente divertido; sin que medien complejidades que exijan razonamientos o esfuerzos adicionales y favorezcan un clima de amplia participación, con acceso a todos los que deseen practicarlos.

En el desarrollo de estas formas recreativas, tanto terrestres como acuáticas, las que tienen como escenario de ejecución diferentes hoteles, se deben tener en cuenta conocidas técnicas de conducción, las que fueran parcialmente descritas por Pérez, A, como pasos metodológicos (32,135) y precisan de una gran atención por parte de los animadores.

- Mencionar siempre el nombre de la actividad a desarrollar, en ocasión de la presentación y motivación.
- Constituir los bandos o equipos, procurando mezclar las diversas nacionalidades que disfruten de la oferta.
- Realizar la explicación de forma clara y los más sintética posible, comenzando con el idioma del país y siguiendo con el que más clientes reúna el hotel, hasta abordar el resto de las lenguas presentes.

- Precisar cómo se gana y como se obtienen los puntos, además de la forma en que terminan los juegos.
- Realizar las demostraciones, siempre que sea posible, con el auxilio de turistas o de los propios animadores.
- Preguntar por las dudas que puedan existir, a fin de poder realizar la propuesta sin ningún tipo de problema.
- Definir una señal de inicio.
- Servir de jueces en el desarrollo de las actividades, pero evitando, los animadores, participar como competidores ellos mismos.
- Narrar de manera atractiva, evitando que los competidores se depriman.
- Precisar una señal de terminación.
- Premiar siempre a los ganadores.

En tanto, para desarrollar las modalidades acuáticas, los responsables del esparcimiento mostrarán una alta responsabilidad, tomando todas las medidas de precaución a su alcance, sin que sea expuesta, en modo alguno, la integridad física de los clientes.

Entre las principales medidas a tomar para prevenir accidentes acuáticos se encuentran las descritas por el propio Pérez, A (32,135):

- Las actividades lúdicas acuáticas deberán ser desarrolladas por varios animadores, estableciendo así un mejor control sobre los clientes.
- Los encargados de la actividad ocuparán un lugar adecuado, desde donde puedan observar el desarrollo de los juegos.
- Los que posibilitan la recreación no permitirán a clientes que no sean buenos nadadores, internarse en aguas profundas.

- Los niños no permanecerán de manera excesiva en el agua y deberán abandonarla a la primera señal de temblores, labios morados y piel ceniza.

En la realización de los diferentes juegos, los animadores deben también tomar medidas destinadas a la preservación del medio ambiente.

POR UN MUNDO MEJOR CONSERVADO

No se trata de la ficción salida de la pluma de un novelista profético, capaz de visualizar un supuesto contacto con seres extraterrestres, depredadores de nuestro hábitat. El mundo actual se encuentra verdaderamente amenazado y no son escasos los vaticinios acerca de supuestos acontecimientos de claros ribetes apocalípticos, de naturaleza horrenda, capaces ellos de poner en peligro, con su impacto de gigantescas proporciones, no sólo la existencia del paisaje planetario, sino también la propia vida humana. El reto no podía ser mayor para las actuales generaciones, urgidas de soluciones garantes que pongan freno al profuso deterioro, dado este por la actitud irresponsable de algunos hombres, en ocasiones vinculada al desmedido afán por explotar y adueñarse de preciados recursos.

La protección de la naturaleza trasciende, holísticamente, ya las fronteras de las ciencias y se convierte en una cuestión universal, de clara esencia política, capaz de implicar, cada vez más, a los diferentes estados y gobiernos del mundo; toda vez que resultaría inapreciable el esfuerzo aislado por conservar determinado ecosistema de seguir adelante con el proceso señalado de destrucción, mostrando pérdidas evidentes en la observancia y control de aquellas causas atribuibles al deterioro global.

Lo cierto es que las muestras probatorias del inicio del amplio proceso de detrimento medioambiental anunciado resultan perfectamente tangibles y se expresan de disímiles maneras. Entre las más reconocidas, pudieran citarse la deforestación en muchas partes del mundo como consecuencia de la expansión agropecuaria desmedida, el proceso de contaminación del aire por la emanación de gases de todo tipo a la atmósfera, provenientes de centros fabriles y medios de transportación, la sobreexplotación de recursos naturales y combustibles fósiles en la búsqueda de fuentes diversas de consumo, los residuos generados por los procesos productivos que en muchos casos contaminan las aguas y dañan irremediablemente las costas, la erosión de los suelos por efectos combinados de compactación y desertificación de extensas áreas, la aparición de enfermedades cada vez más resistentes a los medicamentos actuales, así como el agotamiento de la capa de ozono, (aspecto más reconocido) en tanto consecuencia de la acción indiscriminada de distintos productos químicos producidos a base de compuestos clorofluorcarbonados (CFC); entre otros atentados que harían muy prolija su relación.

Es innegable la alteración experimentada en la actualidad por el sistema climático regional y que encuentra su mayor materialización en el calentamiento terrestre y los cambios derivados del efecto invernadero, las perturbaciones de los grandes ciclos biogeoquímicos que regulan la dinámica entre la biosfera y la geosfera para mantener el equilibrio natural y la pérdida de biodiversidad, traducida en la reducción de la variabilidad genética de muchas especies y ecosistemas, con lo que disminuye su habilidad de adaptación.

Las pretensiones humanas de querer conservar el medio ambiente requieren de esfuerzos gigantescos encaminados a la conjunción, en todo el planeta, de las necesidades de la sociedad con las posibilidades de la naturaleza o lo que es lo mismo, el establecimiento de un nuevo orden en la relación de los hombres con la naturaleza, lo que implica de hecho un profundo y manifiesto conocimiento acerca de esta última y que se providencien las acciones necesarias para su inmediata preservación de manera tan oportuna como pertinente y eficaz. Obrar de otra manera es cosa bien ficticia, pues con pretensiones demagogas o de autocomplacencia, tan vanas como ilusorias, no será posible salvar un solo fragmento del mundo amenazado. Hay que obrar en consecuencia con hechos palpables, de manera que la actividad humana (responsable también de tanta destrucción) sea capaz de promover la educación de las personas a su alrededor y despertar las sensibilidades que garanticen un mundo más sano y protegido.

El proceso de salvación de los recursos naturales en modo alguno mostrará un distanciamiento de la necesaria preservación de otros de carácter espiritual, entibados en la identidad local, la que precisa a su vez de un estado de no menoscabo por parte de influencias foráneas y la amplificación de valores extranjerizantes asociados al mundo actual globalizado.

No hay dudas que el desarrollo de la industria turística ha impactado en ocasiones de forma muy negativa en las sociedades y el medio ambiente, existiendo pruebas palpables de su bien expuesto carácter ambivalente, pues mientras por una parte es responsable de sensibles ventajas en el ámbito socioeconómico y cultural, al ser fuente de creación de novedosos empleos, incrementar los ingresos económicos de cada una de las sociedades donde se expande, mejorar el nivel económico y socio cultural de la población local, desarrollar considerablemente la tecnología en torno a dicha práctica, favorecer la comercialización de sus productos, posibilitar la generalización de opiniones, experiencias, costumbres y estilos de vida, permitiendo con todo ello un acercamiento a la confraternidad, el entendimiento mutuo y la paz entre los seres humanos; por la otra contribuye a una alarmante degradación medioambiental, así como a la pérdida manifiesta de la identidad local, cuestión esta, que obliga a abordarlo desde una perspectiva global.

No es ocioso hacer referencia a la fragilidad de los recursos que sustentan al turismo de nuestros días, amenazados ellos por la acción inescrupulosa e irracional de personas y organizaciones, cuyo empeño mayor está dado en su acentuado provecho y no en razones de sostenibilidad alguna. Ejemplos probatorios del desdén y la apatía manifiestos, muestran su impronta en lugares como los parques de animales de Kenia, en la destruida Gran Barrera de Arrecifes de Australia y las áreas montañosas del Nepal. Muchos son los elementos que se le atribuyen a tales y probadas calamidades, entre ellos la abrumadora ocupación de las costas, una inadecuada planificación de los lugares destinados a la recreación turística de los grupos de personas y el descuido en el cálculo estimado de sujetos humanos que deben coincidir en una locación, con el consiguiente daño a ecosistemas frágiles, el incremento del consumo de suelo, agua y energía, los incrementos de producción de residuos y aguas residuales y sus vertimientos incontrolados, la ocurrencia de incendios forestales devastadores por concepto de negligencia criminal, la destrucción de los paisajes por diversos motivos, la pérdida de valores tradicionales autóctonos, el tráfico de drogas o el turismo sexual; todos ellos manifiestos en diferentes lugares del planeta. Hoy es mantenida la afirmación de que los flujos turísticos son seguros contribuyentes del cambio climático y de las llamadas lluvias ácidas, así como del proceso de formación de ozono troposférico, como consecuencia de la emanación de gases provenientes del masivo transporte terrestre y aéreo de turistas.

Como quiera que en un inicio los hombres hicieran turismo sin reparar en sus impactos negativos o perturbadores (representados por secuelas importantes), en la misma medida que esos daños se tornaron más evidentes y acuciantes, sus actitudes se volvieron más variables. A comienzo de los años setenta aparecieron nuevas aproximaciones al tema dentro del sector, abordadas con determinado sentido crítico y medioambiental. Fue en ese momento que con la aceptación sin restricciones de los benéficos aportes del turismo, se empezaron a dar los primeros pasos para una propuesta de desarrollo más equilibrada y coherente, especialmente en su impacto no económico.

La Declaración de Manila sobre el turismo mundial, adoptada por 107 países y fechada en 1980, es un buen ejemplo del referido esfuerzo. Elementos correspondientes a dicho documento (44,1) expresan las siguientes consideraciones: *"Los recursos turísticos de que disponen los países están constituidos a la vez por espacios, bienes y valores. Se trata de recursos cuyo empleo no pueden dejarse a una utilización incontrolada sin correr el riego de su degradación, incluso de su destrucción*

La satisfacción de las necesidades turísticas, no debe constituir una amenaza para los intereses sociales y económicos de las poblaciones y de las regiones turísticas, para el medio ambiente, especialmente para los recursos naturales, atracción esencial del turismo, ni para los lugares históricos y culturales."

Pero en realidad, no es hasta principios de la década de los noventa y ya en plena preparación de la Cumbre de la Tierra de Río de Janeiro de 1992, que se hace referencia a la sostenibilidad en el sector. En el XLI Congreso Internacional de Expertos Científicos en Turismo (AIEST) celebrado en 1991, se describe el turismo sostenible como una actividad que mantiene un equilibrio entre los intereses sociales, económicos y recreativos empeñados en buscar, como objetivo importante, la conservación de los valores naturales y culturales.

La mayor contribución desde diferentes ámbitos (político, científico y empresarial) en relación con el turismo y la sostenibilidad, sobreviene a partir de la mencionada Cumbre de la Tierra.

A partir de ese instante se ha reiterado el número de eventos internacionales que refieren un abordaje del tema, destacándose la aprobación en 1995 de La Carta Mundial del Turismo Sostenible, contentiva de 18 principios cuya pretensión aspira al fomento de una estrategia turística global basada en dicho desarrollo.

Luego de todos los criterios vertidos y ampliamente expuestos en los diversos cónclaves, se ha podido intuir que un turismo sostenible es el proceso que concibe al desarrollo sin degradar o debilitar los recursos que posibilitan ese adelanto, algo así como un medio que permite percibir que el planeta posee quebrantables recursos, evidentemente limitados, y que esta labor, como otros muchos sectores, tiene niveles para acceder al progreso, sin afectar los bienes implicados, sobre todo en lugares muy puntuales.

Por todos esos elementos, en los últimos años, las ventajas económicas no son los únicos criterios para apoyar la gestión turística, aún cuando representan en alguna medida el éxito de dicha empresa y el ingreso fundamental al PNB de muchas naciones. En consecuencia, la actividad se ve más dependiente y unida al concepto de sostenibilidad.

Sí se tiene en cuenta que lejos de decaer el desarrollo del turismo apunta hacia el sostén económico y social futuro de una gran cantidad de países, hay que apostar cada vez más por la existencia de un crecimiento adosado a los criterios de sostenibilidad y capaz de evitar sus probables impactos negativos.

La naturaleza y sus excelentes paisajes constituyen un preciado recurso para todos los seres humanos, motivo frecuente de admiración por parte de la mayoría de los turistas que visitan los diferentes países y regiones. Precisamente, se encuentran las distintas instalaciones hoteleras ubicadas junto a lugares naturales de singular belleza (playas, montañas, cayos, lagos, etc), dotados de atractivos inigualables que se conjugan de manera extraordinaria con las formas autóctonas de sus habitantes. Todos esos valores promocionan al producto turístico.

Gráfico 8: Direcciones para preservar el medio ambiente.

Conservar el paisaje en esos sitios constituye un reto para todos los humanos y muy especialmente para aquellas personas que laboran en las diferentes estructuras turísticas, pues su celo deviene en garantía aseguradora para la apreciación estética por parte del cliente, a expensas de la contemplación de un espectáculo natural no degradado. Un papel preponderante en la conservación de tales riquezas, lo tienen los trabajadores del sector turístico, entre los que figuran de manera muy especial los animadores hoteleros.

Precisamente, a través del contacto directo con los turistas, el promotor recreativo puede sensibilizarlos con la preservación del medio, a la par que sugerirles la adopción de conductas elementales tales como el cuidado de los árboles, las plantas ornamentales y agrícolas, la protección de la fauna local, evitando con ello la caza y persecución de las diversas especies; la preservación de las formaciones minerales donde quiera que las mismas se encuentren, la protección de los corales y otras especies marinas, el respeto por las disposiciones establecidas en cada lugar y la evitación de arrojar basuras en campos y playas, así como otras formas de contaminación del suelo.

Al trasmitir todas esas ideas, el que recrea, lo hará siempre de manera cortés y afable, creando un clima adecuado en las relaciones con los visitantes, sin imponer criterios y logrando la comprensión colectiva. A ello ayudan las legislaciones y educación ecologista que reciben muchos de los turistas en sus países de origen.

Pero no sólo a través del diálogo es que se hace posible trasmitir esos mensajes a los clientes, pues existen otras variantes que constituyen parte indisoluble de las acciones de animación. Entre estas son practicables el ofrecimiento de vídeos donde se aprecien las bellezas autóctonas y los esfuerzos que realizan los hombres por preservarlas, impartición de conferencias por personal especializado que se convoque con ese fin, oferta de libros y revistas dedicadas al tema, visitas dirigidas a lugares donde habiten especies valiosas, realización de excursiones subacuáticas destinadas, sobre todo, a la contemplación y preservación del fondo marino y de las especies, exposiciones gráficas con fotos e ilustraciones de paisajes y representantes de la fauna y flora, así como la explicación de aspectos relacionados con la región que se visita en ocasión de efectuar caminatas, excursiones y otros paseos.

Entre los referidos recorridos, figuran los que se realizan por los alrededores del hotel en bicicleta y que resultan muy gratos al turista, pues con ellos tienen la excelente oportunidad de conocer, en detalles, la naturaleza de la localidad que visitan.

Como parte de las posibilidades de realización de actividades ambientalistas se encuentran las vinculadas a la siembra de plantas, pudiéndose esta última generar a través de eventos temáticos tales como la siembra del árbol de la amistad, asociado a la presencia de clientes repitentes. En ese tipo de propuesta, los turistas homenajeados plantarán posturas de frutales o árboles maderables en áreas previamente concebidas, testimoniando con ello no sólo el placer por su estancia en la instalación y la perdurabilidad de su gesto, sino también sus propósitos de luchar por un mundo más sano.

También son recurrentes los concursos de plástica paisajista inspirados en accidentes del lugar, los encuentros para conversar sobre temas naturales, concursos fotográficos destinados a resaltar los atractivos del medio y la oferta de espectáculos que lleven implícitos temas ambientales, así como la realización de otros con mensajes culturales autóctonos que sean exponentes de las verdaderas tradiciones locales y la celebración de variadas actividades temáticas relacionadas con todos estos valores; pues de manera reiterada se explica que las riquezas de tipo espiritual, igualmente dañadas, requieren de conservación.

Entre las posibilidades de realización de dichas actividades temáticas se encuentra la celebración de los días nacionales, lo que constituye un excelente momento para acercar a los turistas a los mejores sentimientos culturales, a veces insensiblemente deteriorados por la oferta desmedida de actividades puramente convencionales, es decir, por acciones repetidas en otras tantas regiones del mundo y carentes de contenido cultural autóctono.

Esta jornada debe abarcar atractivos tales como la muestra de danzas folclóricas, contentivas ellas de las diferentes raíces étnicas, cantos y juegos tradicionales, encuentros con figuras de las artes y el deporte nacional, clases de bailes típicos y populares, así como de coctelería e idioma, fiestas folclóricas, muestra de trajes nacionales, instrumentos musicales y costumbres culinarias, audiciones de música tradicional y popular, música en vivo con agrupaciones locales, práctica de distintas disciplinas deportivas, exposiciones gráficas y otras donde se reflejen de igual manera los auténticos valores.

La realización de todas estas acciones estará siempre precedida de una adecuada decoración de las áreas de mayor concentración de clientes y aquellas donde se realicen las acciones de animación, utilizando para ello, atributos alegóricos a la nacionalidad de que se trate.

Un papel preponderante en el éxito de todas estas acciones lo tiene el trabajo mancomunado de las diferentes estructuras existentes, denominadas por algunos como áreas claves. Pero en todo este proceso, un papel fundamental lo ocupa la conducta del animador, la que debe por su ejemplaridad promover el respeto ambiental entre sus usuarios. Esa manifestación debe ser en todo momento coherente con la cosmovisión ambientalista que se pretende promover.

La animación es un medio efectivo para promover la conciencia del cuidado y protección del medio ambiente y no debe considerarse incorrectamente como un ente sólo responsabilizado con las actividades de carácter lúdicas y recreativas. La contribución de la animación, al logro de un turismo sostenible, constituye un hecho relevante dentro de las estructuras hoteleras y aumenta, considerablemente, la importancia de esta labor y de las personas responsabilizadas con la recreación del cliente.

CUANDO DE DIVULGAR SE TRATA

Un elemento a tener en cuenta, para la labor de animación en las instalaciones hoteleras, es la divulgación de todas las actividades, de querer cumplimentar eficientemente las acciones previstas en la programación y lograr una elevada satisfacción del cliente.

Se puede contar con una excelente concepción de ofertas recreativas, con un dinámico y extraordinario equipo de animación y con medios diversos, pero sí los turistas no conocen lo que ocurrirá en cada lugar y momento, muy pocos participarán; de aquí que una adecuada divulgación garantice lo que no le debe faltar a ninguna propuesta hotelera: la presencia del cliente. Una correcta difusión se puede lograr a través de diferentes vías, utilizando opciones novedosas y atractivas.

De cualquier forma y en cada lugar que se ofrezca información acerca de la programación de actividades, la misma se debe brindar en varios idiomas, comenzando por el propio y continuando con los correspondientes a los segmentos de mercado que visitan la instalación. Siempre se hará de manera precisa, procurando despertar el interés de los visitantes. Se enfatizará en el horario de inicio y el lugar de realización de las mismas.

En el caso de las pizarras informativas, ellas, deben aparecer en lugares muy puntuales, como es el caso de los restaurantes, áreas de animación, lobby del hotel, sitios cercanos a las piscinas, etc. En algunas instalaciones se muestran las pizarras que refieren la programación diurna, aisladas de otras donde se refleja la nocturna.

Para el uso de las pizarras informativas se deben cumplir determinados requerimientos:

- Colocar las estructuras divulgativas en los sitios de mayor concentración de clientes y siempre en más de uno.
- Presentar los soportes con uniformidad, buena presencia y adecuada estética, a la vez que colores e imágenes llamativos
- Rotular textos en diferentes idiomas.
- Proyectar mensajes breves, concretos y resumir las actividades, especificando en cada caso, lugar de realización y horario.
- Evitar otras informaciones adjuntas que puedan desvirtuar las que ocupan dichos soportes.
- Contener los cambios que pueda tener la programación, especificando para ellos los mismos datos que las actividades originales.
- Publicar conjuntamente con las pizarras contentivas de actividades ordinarias, el programa de acciones emergentes.

La dimensión de las pizarras informativas, así como su diseño, estará en correspondencia con las particularidades del lugar donde se exhiban; por lo que responderá, entre otras cuestiones, al espacio disponible y el ingenio de las personas encargadas de construirles.

Un equipo de animación no debe pretender agotar sus acciones divulgativas con la sola exposición de una excelente pizarra informativa. Ello sería lamentable, pues es preciso acometer un conjunto de otras importantes tareas, sí se quiere realizar una labor de calidad.

Para garantizar la presencia del público en las distintas actividades que se oferten, es preciso realizar un grupo de tareas divulgativas; algunas de ellas, en ocasiones, de conjunto con otros departamentos y trabajadores del hotel.

Ejemplos de acciones divulgativas:

- Anunciar las propuestas más generales durante el recibimiento de los grupos de clientes.
- Lograr a través de la reunión de información el anuncio de la oferta recreativa (se debe lograr coordinar con el departamento de relaciones públicas, a fin de que al menos un animador participe en estos contactos con los visitantes).
- Divulgar la programación de actividades a través del canal interno (magnífica opción, pues permite acompañarle de un video donde se muestren las diferentes ofertas dirigidas a los turistas y se aprecien detalles de esas acciones).
- Publicar carteles promocionales (pueden utilizarse en actividades novedosas tales como: día nacional, fiesta folclórica, etc).
- Emplear sueltos (pueden colocarse directamente, en las habitaciones con el apoyo de las camareras o entregarse en lugares puntuales como la entrada de los restaurantes).
- Realizar la divulgación de manera directa o personal (esta posibilidad debe ser asumida no sólo por los animadores de la instalación, sino por todo el colectivo de trabajadores del hotel).
- Concluir cada actividad con el anuncio de las propuestas siguientes, así como algunas otras que se ofertarán durante el día o la noche, especificando hora y lugar.

Existen dos momentos muy importantes en que los animadores deben participar siempre que sea posible, con el objeto de lograr una mejor y directa divulgación de sus actividades, aprovechando la presencia masiva de grupos de clientes. El primero de ellos es el recibimiento. Por las características de los arribos (en ocasiones muy disgregados) resulta imposible dar bienvenida a todos los turistas que ingresan a la instalación, pero sí la información es fluida y existe una correcta comunicación con otros factores del hotel, es practicable esa idea con determinados y selectos grupos de visitantes.

La bienvenida debe ser un acto sencillo, pero muy representativo de las mejores tradiciones, propicio para mostrar la cultura del país y prolífero en cuanto a música y danza se refiere. Debe contar de un coctel y la presencia de una representación de los trabajadores de la instalación.

De manera muy ágil y sintetizada uno de los animadores podrá referir cuáles serán las principales opciones e invitará a los clientes a participar del programa de animación. Los profesionales deben ofrecer un marcado sello de autoctonía en este trascendental momento, por lo que vestirán trajes típicos y atributos nacionales diversos.

Es oportuno recordar lo importante que resultaría la participación de los encargados del mini club infantil en un momento así, de conjunto con los niños y sus familiares.

El segundo momento, es la reunión de información, a la que ya se ha hecho mención. Durante la ocasión, los responsables recreativos deben indagar acerca de los intereses de los turistas y sus aspiraciones. Este intercambio debe ser lo más cordial posible, estableciendo un clima favorable para el desarrollo futuro de las actividades.

En ese tipo de contacto no es necesario que participe todo el elenco, pues para dar información sobre la programación de actividades y las diferentes opciones que se brindan, resulta suficiente la presencia de unos pocos animadores.

La divulgación de las ofertas recreativas (gráfica o verbal) debe caracterizar, también, el entorno de los distintos locales destinados a entretener.

LOCALES DESTINADOS A LA ANIMACIÓN EN LOS HOTELES

La visita a un hotel presupone la oportunidad de disfrutar de variados servicios, entre los que se encuentra la labor de animación. Esta posibilidad está siendo considerada por muchas personas como un magnífico paliativo, capaz de actuar muy favorablemente sobre la satisfacción y estados de ánimo de los diversos clientes que asisten a estas instalaciones, haciéndoles olvidar cualquier percance desagradable que atente contra sus expectativas iniciales.

Pudiera pensarse que la oferta recreativa que disfrutan los turistas al ingresar a un hotel, dadas sus reales potencialidades, no requiere de un alto grado de especialización por parte de los profesionales que la ejecutan. Nada más lejos de la realidad, pues la animación en estos sitios, tiene un alto componente de exclusividad, expresado en sus variadas expresiones y lugares disponibles, aun cuando en abrumadora mayoría encuentra su posibilidad de ejecutoria dentro y en pocas ocasiones, fuera del perímetro hotelero.

No existe entre los entendidos otra aseveración más válida que la siguiente: la animación que se lleva a cabo en un hotel constituye una propuesta diversa que descubre sus espacios de realización en diferentes sitios de la instalación. Son precisamente, estos rincones, donde los clientes satisfacen sus necesidades recreativas por intermedio de atractivas actividades, dirigidas, ellas, a las más variadas condiciones etáreas.

La utilización de los locales, sin embargo, no ocurre con frecuencia de manera simultánea, pues ello implica inconvenientes relacionados con el número de recursos humanos involucrados en la labor de animación y la disponibilidad de determinados medios técnicos. Por lo general, la realización de actividades recreativas en los hoteles, alterna su protagonismo en torno a los posibles sitios de ejecutoria, no sin otorgarle a tales espacios, un evidente grado de especialización.

Es la distinción de que son objeto los locales destinados a animar, enmarcados en el contexto de la instalación, la que implica la realización de un tipo diferenciado de actividades que establecen la selección del turista y su aceptación.

El conocimiento de estos sitios resulta de gran utilidad para las personas interesadas en divertirse, pues les posibilita, además de una adecuada familiarización con sus variados e indistintos detalles, la apreciación de las técnicas elementales que permiten domeñar las más complejas situaciones en que transcurre la oferta recreativa.

En los hoteles existen áreas o locales destinados a la prestación de los servicios de animación que intervienen activamente en todo el proceso de realización de las actividades programadas y que llegan a tributar de manera muy especial al logro de una alta satisfacción de los clientes. A esos lugares le son comunes las siguientes consideraciones:

- El horario de funcionamiento suele definirse atendiendo al tipo de labor que realizan.
- El servicio que prestan llega a resultar generalmente limitado y ceñido a sus ofertas.
- El personal de animación que labora en ellos posee un determinado nivel de especialización

- La divulgación que promueven detalla de manera específica sus propias ofertas.

Es característico que el funcionamiento de estos sitios ocurra de forma muy diferente, atendiendo sobre todo a las acciones que generan y los medios o recursos que poseen. Vistos en su contexto, dichos lugares describen una ejecutoria muy particular, por lo que su estudio requiere de un abordaje donde prime la independencia de los unos, con relación a los otros.

La casa club.

Es una instalación que se ubica, preferentemente, en sitios de gran afluencia de público y que está destinada al alquiler de los medios de recreación, para que los clientes en posesión de los mismos hagan un uso racional de otros locales que existen en el hotel. De la misma manera proveen a los visitantes de artículos que les posibilitan un mayor disfrute durante su estancia. Dichos préstamos, como práctica, se le ofrecen sólo a personas adultas, las que de ocurrir alguna pérdida o extravío estarían en posibilidades de asumirlas responsablemente.

En este lugar es preciso implementar modelos de control, los que por su sencillez, a la par que garanticen el control y preservación de los medios, no constituyan un freno burocrático para la actividad de los animadores encargados.

Debe tenerse en cuenta que este sitio, deviene de forma ágil y precisa, en una de las mejores opciones de divulgación directa para las actividades recreativas que pueda disponer una instalación hotelera, sobre todo por la alta afluencia de clientes al lugar. Consideraciones de este tipo determinan que los profesionales que aquí laboran, posean un elevado conocimiento de la programación, además de ser comunicativos en extremo, alegres y entusiastas.

La casa club puede ser utilizada para colocar carteles anunciadores, pizarras informativas u otros materiales de propaganda, capaces de referir detalles del programa recreativo.

También es favorable que en este lugar se recepcionen las diferentes quejas o recomendaciones hechas por los usuarios, a través de la comunicación que se establece entre ellos y el animador encargado, confirmando las bondades incuestionables de su funcionamiento.

Es preciso que en su contacto permanente con los turistas, las personas responsables de ese espacio tengan una etiqueta de presentación que exprese:

> Buen día.
> Mí nombres es...
> ¿En qué puedo servirle?

CARTA DE PRESENTACIÓN DE LOS ANIMADORES

⬇

AL CONTACTAR CON LOS TURISTAS...

⬇

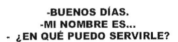

-BUENOS DÍAS.
-MI NOMBRE ES...
- ¿EN QUÉ PUEDO SERVIRLE?

Gráfico 9: Etiqueta de presentación de los animadores.

No le deben faltar, a este local, elementos de decoración sobre diferentes atributos nacionales, ya bien expuestos en sus paredes o dispuestos por los alrededores, de factura artesanal, contentivos de detalles del paisaje, el acontecer histórico o de la vida social, lo que ayudará a promover los valores culturales autóctonos de la región visitada.

Aunque los horarios de la casa club estén siempre determinados por las condiciones de cada lugar, los mismos abarcarán ambas sesiones diurnas, permitiendo el cumplimiento del programa del día en el resto de las áreas. Una buena parte de las instalaciones hoteleras posee, en esos sitios, horarios comprendidos de 9.00 a.m. a 5.00 p.m.

El mini club o club infantil.

Es el local donde se les presta servicio recreativo a los clientes hoteleros más pequeños. Estas instalaciones se ubican en sitios que reúnen todas las condiciones en materia de seguridad e higiene. Los mini club poseen muebles adecuados, además de estar decorados con grabados llamativos donde aparecen, casi siempre, los personajes de las obras infantiles más universales (Rey León, Blanca Nieves, Caperucita Roja, Pulgarcito, etc).

Existen elementos de carácter físicos y organizativos, en los locales habilitados de manera especial, que guardan relación con el desarrollo etáreo de los niños y adolescentes que visitan las instalaciones hoteleras. Atendiendo a esos requerimientos se agrupan en:

- Guardería maternal con especialistas para el cuidado de los bebés.
- Guardería con especialistas para el cuidado de niños y niñas entre 1 y 3 años.

- Mini club con especialistas para la atención a edades que oscilan entre 4 y 9 años.
- Club para adolescentes, con especialistas para la atención a partir de los 10 años.

La estructura de estos centros o clubes debe asegurar una inversión capaz de superar las expectativas y satisfacer las necesidades recreativas de niños y niñas, posibilitando la ocurrencia de variadas actividades de animación, como parte de un diseño de proyecto exclusivista, caracterizado por su distinción de edades, así como por objetivos y acciones pedagógicas bien definidas; aunque, en muchas ocasiones, las condiciones propias de muchos hoteles no permiten desarrollar, en tales sitios, un grado alto de especialización; existiendo, estos, como un único centro de proyecciones heterogéneas, sin diferenciación alguna.

Los animadores que laboran en esos lugares deben poseer alta calificación y habilidades que les permitan elaborar la programación de actividades, en correspondencia con la edad de los pequeños.

En los clubes infantiles deben habilitarse planillas con las fichas de los infantes que refieran sus datos personales, las enfermedades o alergias que puedan padecer, alimentos que no pueden consumir, idiomas que dominan y otros asuntos de interés.

En esta área se mostrarán atractivos para los diferentes gustos y edades de los menores; sencillos juegos de mesa, juguetes, videos, juegos de computadora, etc.

Es común que se oferte un buen número de actividades fuera del espacio físico del mini club, lo que requiere la presencia de puntuales medidas de seguridad y protección, evitando la ocurrencia de lamentables accidentes.

Evidentemente, el plato fuerte de la oferta recreativa del mini club tiene que guardar una estrecha relación con el disfrute de disímiles juegos, sobre todo por la influencia y aceptación de estos últimos en edades tempranas, aspecto que requiere de aseguramientos materiales, garantes para la ejecución de tales acciones.

Sería adecuado en el funcionamiento de estos locales un horario similar al de las casa club, es decir, de 9.00 am a 5.00 pm, garantizando así la prestación de tan imprescindible servicio.

Las salas de juegos.

Generalmente, cuando se hace referencia a dichos lugares, se habla de ludotecas, aun cuando los mismos no generen toda la actividad que le es atribuible a esos últimos sitios. Estos locales dispondrán de juegos pasivos o de mesa, que contribuyan al entretenimiento de los clientes, mientras que su ubicación debe resultar de fácil acceso para todos los turistas (sin requerimientos engorrosos que posibiliten su rápido ingreso) y permitan la interacción con otras facilidades (casa club y programación de actividades).

En tales sitios y de manera asociada, pueden ofrecerse a los participantes servicios no dirigidos de biblioteca, con oferta de libros, revistas y periódicos, fundamentalmente de procedencia nacional y en distintos idiomas.

A diferencia del resto de los locales antes descritos, aquí la presencia del personal de animación está en correspondencia con las intenciones de la programación de actividades y muchas veces el, que se recrea hace un uso autónomo del mismo, es decir, sin que se vea involucrado en acciones dirigidas.

Su horario debe abarcar tanto las sesiones diurnas como las nocturnas, porque como ya se ha dicho, la sala de juego es un sitio frecuentado libremente por los clientes y en pocas ocasiones requiere de la presencia puntual de animadores en función de las actividades.

Principales componentes de una sala de juegos.

- Mesa de pin pon.
- Mesa de billar.
- Mesas para jugar dominó.
- Mesas para jugar ajedrez.
- Mesas para diversos juegos y entretenimientos.
- Cajas con fichas y elementos propios de diferentes juegos.
- TV (con diferentes opciones de canales).
- Juegos mecánicos y videojuegos.
- Mini biblioteca (libros y revistas sobre el país visitado, en inglés y otros idiomas).
- Tableros y juegos de dardos.
- Galería de fotos de personalidades universales destacadas en el contexto artístico o cultural y deportivo.

El área de espectáculos.

Es un área debidamente concebida para la realización de los espectáculos nocturnos, aunque pudiera ser utilizada durante el horario diurno en otras actividades muy puntuales como: desfiles de modas, conciertos, descargas en vivo, etc.

Debe constar de un escenario, sobre el que trabajarán los animadores, bailarines, los grupos musicales u otros artistas participantes y de un camerino para que estas personas puedan preparase adecuadamente para la actuación.

El escenario deberá poseer cortinas, telares de fondo, etc; de manera que facilite la labor escenográfica y la movilidad del elenco.

Estará dotado de una cabina de audio donde trabajará un técnico de luz y sonido. Dicho operador dispondrá de la tecnología necesaria para garantizar cada espectáculo.

Discoteca.

No todos los hoteles disponen de locales para discotecas. Donde exista dicho local, la prestación de este servicio se iniciará después de culminado el resto de las actividades nocturnas, de forma que no interfiera en los espectáculos preparados para la noche y que atraen la atención de un número elevado de clientes, además de requerir, para su realización, de recursos humanos especializados.

Los animadores encargados de la discoteca, cada noche, harán la presentación de sus actividades, dando la bienvenida a los turistas en varios idiomas.

La presentación de variedades y juegos de participación, alternando con la buena música (no faltará la autóctona), creará un clima nocturno agradable para los visitantes que disfruten de esa área.

La ubicación de este sitio debe lograrse en un lugar de fácil acceso, alejado de las habitaciones y espacios de alta concentración de personas, debiendo contar con una correcta señalización.

Este local, como todos los que están destinados a la animación, requiere de estrictas medidas de seguridad, habilitado de un competente sistema contra incendios, así como provisto de climatización y sistema de insonorización. De la misma forma contará de adecuada ventilación extracción.

Los medios técnicos que debe poseer la discoteca son similares a los utilizados en el área de espectáculos, pero con la inclusión de otros que permitan el funcionamiento del área, atendiendo a la importancia que en ella revisten el sonido y las luces.

Gimnasio.

Son locales de fácil acceso, ventilados y que cuentan con implementos necesarios para la práctica de ejercicios físicos variados, los que permiten el entrenamiento de la fuerza y la realización de actividades aeróbicas, así como la relajación del individuo. Su uso obedece más bien a los intereses propios de cada cliente y la influencia que ejercen los animadores, especialistas o instructores, resulta en la mayoría de los casos orientadora.

Estos sitios deben estar dotados de espejos, step para aeróbicos, colchones, espaldera, cajón sueco, mancuernas, banco de cuádriceps, banco de fuerza acostado, barras, discos, banco de bíceps femoral, banco inclinado o declinado, aparato de prensa sentado, paralelas, barras fijas, aparato de hiperextensión, máquinas multiestaciones y otros; de manera que los turistas tengan la posibilidad de hacer un uso óptimo de la instalación en función de diferentes ejercicios.

Los instructores del gimnasio deben ser conocedores de la actividad, posibilitando con ello, una orientación adecuada a los practicantes, que garantice la realización de ejercicios de fuerza variados y de los denominados aeróbicos.

Por la complejidad en la consecución de la tarea, los animadores encargados de los gimnasios deben recibir cursos de especialización, diseñados por especialistas; mediante los cuales, puedan coadyuvar al quehacer de los clientes y a la iniciación de aquellos que hacen uso por vez primera de tales implementos.

Otras áreas.

Todas las instalaciones hoteleras cuentan también con áreas o terrenos deportivos, todas ellos al aire libre, donde ocurren sistemáticamente torneos, competencias, etc. Entre las actividades más representativas de esos sitios figuran:

- Voleibol de playa, sala y piscina.
- Baloncesto (piscina y de terreno).
- Mini fútbol.

- Tenis.
- Bádminton.
- Polo acuático.
- Mini golf.

Además de los descritos, en los hoteles pueden encontrarse locales destinados a ofrecer actividades de animación diversas, tal es el caso del piano bar y el karaoke.

El piano bar es una excelente opción para los que buscan de lugares reservados, con una gran dosis de privacidad durante el horario nocturno. Es el sitio preferido para los que gustan de la descarga musical.

La presencia de carpetas con el menú musical tiene que ser, por necesidad, motivo de una adecuada presentación y estética, a un tamaño que posibilite la lectura de la letra de las distintas canciones. Su texto aparecerá en varios idiomas.

Este sitio requiere de un pianista versátil, comunicativo y por demás amable, capaz de complacer los diferentes gustos de los asistentes.

El piano bar es uno de esos sitios donde se requiere de una perfecta coordinación con el área gastronómica, pues el expendio de coctelería le da un toque distintivo.

Es posible que la actividad de karaoke sea compartida en locales como el piano bar, la discoteca, los bares de la instalación o sencillamente, cuente con un escenario propio de realización.

Esta actividad a semejanza del piano bar requiere de carpetas, donde se exhiba el menú musical, así como de animadores que dominen la tecnología disponible.

En realidad, el desarrollo del karaoke atrae muchos clientes de diversas nacionalidades, por lo que debe ser concebido en sitios con una adecuada capacidad, atendidos por responsables recreativos que posean diferentes idiomas, lejos de ruidos foráneos y a su vez de otras áreas que sirvan de concentración a los turistas que descansan.

La realización de las actividades de animación hotelera requiere en muchos casos de escenarios exclusivos, dotados de condiciones materiales suficientes y capaces de coadyuvar al éxito en la labor de sus profesionales. Ejemplos de especialidad en dichos locales, se aprecian en el funcionamiento de la casa club, el mini club o club de niños, sala de juegos, área de espectáculos, gimnasio, áreas deportivas, discoteca, piano bar, karaoke, etc. Cada uno de esos sitios está dotado de medios afines con su proyección y ejecutoria.

LO ESENCIAL ES LA SUPERACIÓN

Los animadores requieren de un amplio desarrollo cultural, conformado por una gran dosis de autosuperación, valedero para poder prestar servicios a clientes de heterogéneas nacionalidades; de aquí que la citada diversificación haga las cosas un tanto más complejas. A pesar de que los profesionales de la animación puedan ser individuos con determinada preparación cultural, es obvio que en su desempeño requieran de un tipo de formación cognoscitiva sumamente elevada.

Se puede pensar en la increíble gama de inteligencias capaz de albergarse en las instalaciones hoteleras, en sus necesidades de conocimientos y en la satisfacción que pudieran alcanzar de contactar siempre con personas inteligentes y adecuadamente informadas, que hagan más placentera su estancia, con lo que favorecerían una cultura general integral; sobre todo a expensas del carácter de las relaciones que se establecen entre un animador y sus usuarios, las que determinan que sea este profesional el que más tiempo permanezca junto a los visitantes en diferentes momentos del día y la noche y resulte el empleado capaz de establecer un mayor intercambio con los turistas. En un hotel esos vínculos son indispensables porque de ellos depende, en buena medida, la orientación acerca de las diferentes actividades y servicios que se ofertan, además de contribuir a una adecuada satisfacción en las personas que utilizan sus prestaciones.

En tanto, aquellos sujetos que imaginan como suficiente una preparación netamente empírica entre los técnicos recreativos, no sólo adolecen de criterios de avanzada, pues en alguna medida, desconocen las potencialidades existentes entre estos especialistas.

Un animador no debe ni remotamente contentarse con el dominio de varios idiomas y diferentes técnicas recreativas, además de poseer buena voz y ser agradable; pues es necesario que también se exprese acerca de diversos tópicos y pueda dar respuestas a las inquietudes de sus clientes, quienes apreciarían su cultura y preparación.

Mantener una conversación agradable e interesante presupone un caudal de conocimientos que pueda versar de un tema a otro, cualesquiera que sean los intereses de los visitantes. No sólo se trata de entretener; pues es preciso, además, trasmitir conocimientos y experiencias, lo que resulta más apreciado aun.

El animador que pueda adicionar a sus dotes la posibilidad de un diálogo ameno, instructivo e interesante, sobre diversos tópicos o asuntos, no sólo se estará prestigiando así mismo, sino que contribuirá en buena medida a realzar su instalación hotelera y condición profesional.

Definir todo lo que debe conocer un especialista recreativo podría parecer imposible, tal es el universo de cuestiones que pueden estar presentes en el simple contacto con los visitantes; pero hay aspectos que bajo ningún concepto deben aparecer al margen de sus necesidades cognitivas.

Principales elementos que deben caracterizar el universo formativo de los animadores:

- El dominio idiomático de los mercados que atiende, posibilitando una adecuada comunicación con los clientes.

- El conocimiento de las mejores técnicas de animación y conducción requeridas en el desempeño.
- La información detallada acerca del contenido de los juegos y actividades recreativas a realizar con los turistas.
- El conocimiento sobre los diferentes deportes que se practican en la instalación, con un marcado énfasis en sus técnicas y reglamentaciones.
- Los estudios sobre psicología que permiten la más afectiva relación con los visitantes, independientemente de las culturas o países de que provengan.
- El dominio sobre historia universal y de manera especial acerca de la que se relaciona con los países emisores.
- Los estudios sobre la geografía regional y de los lugares de donde provienen sus clientes.
- El conocimiento sobre los distintos eventos socio culturales de su propia región o país
- La información sobre temas referidos al trabajo en el sector turístico.
- El dominio de la historia del arte, con actualización de los eventos ocurridos en ésta esfera y que comprendan conocimientos sobre las principales obras literarias, teatrales y musicales de todas las épocas.
- Los estudios sobre los rasgos culturales de las personas que visitan el país, detallando en los gustos y preferencias que puedan manifestar.
- Los hábitos correctos de educación cívica y otros relativos a las normas de convivencia humana.
- La información sistemática acerca de los acontecimientos que ocurren en la región donde se encuentre enclavada la instalación.
- El valor del presupuesto elaborado para su área de trabajo logrando un uso racional de los diferentes medios.

- El dominio del empleo de los medios tecnológicos que dispone su instalación y que son utilizados para el desarrollo de diferentes actividades de animación
- El conocimiento sobre primeros auxilios y técnicas de rehabilitación.

La formación de todos estos elementos requiere de un alto espíritu autodidacta por parte de los animadores, pues debe tenerse en cuenta que particularizar en dichos temas sólo es posible sí estas personas logran unir a su formación cultural y profesional, un incansable empeño de superación, dotado de hábitos tan necesarios como el de la lectura sistemática; todo ello, sin desdeñar, en lo más mínimo, el grado de sacrificio y entrega que se pueda poseer.

En la misma medida que un especialista recreativo alcance un mayor nivel de conocimientos y profesionalidad será aceptado con más agrado por su público y estará en condiciones de obtener mejores resultados en su labor. Los turistas tendrán una opinión mucho más favorable de la gestión de animación, de apreciar (en estos empleados), una sobresaliente preparación cultural.

EL ANIMADOR HOTELERO, EMBAJADOR DE SU PUEBLO

Son los diplomáticos profesionales los que, por tradición se han encargado, en distintas épocas, de las negociaciones entre pueblos y gobiernos, aún cuando estas son realizadas también por diversos representantes de los diferentes países, como ocurre a menudo en muchos lugares. En realidad la diplomacia es el conjunto de procedimientos e instituciones que los estados emplean para poder relacionarse unos con otros.

Pero en disímiles ocasiones, vínculos de otro tipo, que se pueden establecer entre dos regiones cualesquiera, benefician esos propósitos y sirven como una singular posibilidad para el intercambio cultural y social. Una de las actividades que promueve tales contactos, es el turismo.

Resulta indudable que con el desarrollo de la actividad turística los pueblos se relacionan intensamente, de manera tal, que se ven favorecidas múltiples reciprocidades sobre diversos tópicos, beneficiándose el fortalecimiento de las relaciones de amistad entre todos ellos.

Un número elevado de trabajadores del sector turístico tienen, sin que en muchos casos se tome conciencia sobre el particular, la misión de representar a su patria, al establecer intercambios frecuentes con infinidad de viajeros de diversas procedencias. El animador hotelero, atendiendo a su filosofía de trabajo, mantiene un contacto directo e intenso con los clientes a través de todos los procesos en que interviene y es reconocido que nadie como él, en el marco de una instalación hotelera, es capaz de transmitir ideas y valores de todo tipo. Precisamente, entre sus posibilidades está la de caracterizar los valores del lugar en que vive, así como promover los atractivos de carácter patrimonial y las mejores tradiciones culturales de su nación.

Para cumplir esa misión, los que recrean, deben fortalecer de continuo sus conocimientos acerca de temas diversos que se relacionan con la sociedad en que viven y que incluyen la actualización sobre disímiles tópicos; pues sin todos esos elementos sería muy difícil ofrecer una visión correcta de su tierra a los múltiples visitantes. Sí tenemos en cuenta el tiempo que un animador dedica diariamente a la realización de las actividades, lo que merma en la disponibilidad de tiempo para otras ocupaciones, se debe concluir que para lograr una preparación similar, estos profesionales requieren gran voluntad, deseos de hacer bien las cosas y alto sentido de superación.

Dotados de esa información, los encargados de entretener, se convierten en verdaderos portavoces del pueblo al que pertenecen, capaces de llevar al visitante el mensaje de amistad de su gente, historia, detalles de la geografía local, flora y fauna, eventos relacionados con el deporte y la recreación, entre otros.

La manera de transmitir esas ideas debe ser siempre en un clima fraternal y amistoso con los usuarios, recordando que el control de las emociones conduce invariablemente al éxito del que anima.

Es una realidad que la opinión de un animador pesa mucho en los juicios y valoraciones que suelen realizar los turistas tras su visita a un país o región, por ser éste, de todas las personas que componen el elenco de trabajo hotelero, quien mejor llega a confraternizar con los que se recrean.

LA HIGIENE DE LA ANIMACIÓN

Es reconocida, en los días actuales, la carencia de textos relacionados con temas de animación y hotelería, por lo que cualquier abordaje sobre el particular, requiere de la consulta en publicaciones sobre servicios turísticos diversos, donde estos tópicos aparecen de manera tan menguada como colateral. Obviamente, la aparición en estas de especificaciones muchos más concretas como las referidas a la higiene del animador, es a todas luces sumamente escasa, por no decir improbable, lo que exige, de querer valorarle bajo una óptica aproximada, recurrir a materiales que guardan relación con tales argumentos pero que son productos de la práctica física en general y aquellos que se encargan de consideraciones educativas universales, no sin dejar de adicionarle criterios empíricos que permiten contrastar tales apreciaciones con la ejecutoria recreativa. Para la elaboración de este capítulo se tuvieron en cuenta, entre otros, elementos aportados indistintamente por los autores Laptev, A. y Minj, A. en su obra "Higiene de la cultura Física y el deporte". La ausencia relativa de fuentes bibliográficas justifica y refuerza la necesidad de la elaboración de propuestas con un acercamiento a esa temática y la que se ofrece aquí, pretende ayudar a paliar esas carencias.

La higiene en las personas deviene en condición indispensable si se pretende aumentar el grado de resistencia del organismo a probables influencias nocivas foráneas, así como mejorar el estado general de salud y la capacidad de trabajo, tanto referida al estado físico como intelectual.

El conocimiento y uso adecuado de las reglas higiénicas, más que en práctica rutinaria de carácter estético, deviene en necesidad perentoria para la manutención de la salud humana y mayor efectividad de las actividades que las personas puedan realizar. No es de extrañar que en materia de animación hotelera ocupen, tales observaciones, un merecidísimo escaño en la atención profesional, aunque a veces es cierto, sin llegar a ser consideradas en toda su magnitud o asimiladas conscientemente.

No debiera olvidarse que son los animadores los sujetos que mayor tiempo de interacción e incluso de contacto físico mantienen con los clientes de los diferentes hoteles y cuya ejecutoria tributa a determinados e importantes grupos humanos, de aquí que el cumplimiento de las normas higiénicas, más allá de un significado individual favorable, asegure la protección del resto de sus compañeros y de los turistas.

Atendiendo a sus condiciones de vida y trabajo, las personas dedicadas a la animación requieren condiciones sanitarias determinadas. Estas exigencias son, en algunos casos, similares a las demandadas por los practicantes de algunas de las manifestaciones de la cultura física y los propios deportistas, dada la coincidencia de muchas de las acciones de animación con actividades de ese tipo.

Estudios realizados han permitido conocer la existencia de animadores que refieren haber padecido, al menos, algún trastorno de salud durante su vida profesional, tales como: insomnio, estados gripales, irritación en la piel, escozor en los pies y otras regiones del cuerpo, así como diarreas ocasionales. Una buena cantidad de ellos son fumadores habituales y otros ingieren de manera frecuente bebidas alcohólicas como bebedores sociales; lo que muchas veces se favorece por concepto de convites hechos por los clientes.

En sentido general, prevalece el desconocimiento, entre estos especialistas, con relación a cuáles deben ser las medidas higiénicas tendientes a preservar sus condiciones físicas, planteando que les resulta imposible asumir rigurosamente normas de ese tipo, dada la gran cantidad y complejidad de actividades que deben atender, así como los horarios tan variados de realización.

Sin embargo, se han mostrado, los que recrean, muy identificados con las normas higiénico-sanitarias básicas que deben seguir en el transcurso de sus actividades para con los usuarios y en ese sentido, refirieren la obligatoriedad de tales acciones.

La higiene personal abarca una amplia gama de tareas, relacionadas con el régimen diario racional, el cuidado del cuerpo y la cavidad bucal, el rechazo a los hábitos nocivos y una correcta higiene sexual. Cuando hablamos de condiciones higiénicas, hacemos referencia a un complejo sistema de elementos o factores que influyen de manera directa e indirecta en la manutención de la salud de las personas y en la creación de un ambiente propicio para sus actividades.

La aplicación de un régimen diario racional, resultante inmediata de un mayor conocimiento sobre la higiene y sus regulaciones necesarias, al favorecer la conservación de una alta capacidad de trabajo en los animadores, les permite la realización eficiente de sus disímiles tareas. Para lograr que esa conjugación de normas y costumbres se materialice de manera armónica, es necesario que estas personas tengan en cuenta, aspectos que incluyan la correcta relación entre la ejecutoria de las actividades y el descanso, la alimentación regular en horarios preestablecidos, un sueño profundo y reparador, así como otras regulaciones dedicadas a los ejercicios corporales en previsión de lesiones físicas, cuya duración se encuentra relacionada proporcionalmente con la edad de los sujetos.

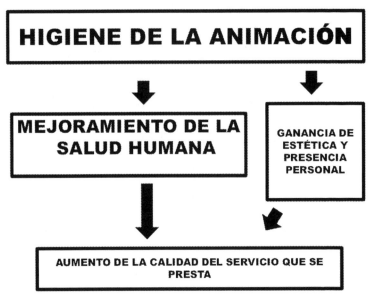

Gráfico 10: Importancia de la higiene en la animación.

Los profesionales de la animación no sólo acceden a los procesos recuperativos a través del sueño, pues ello también le está dado por la posibilidad de realización de períodos racionales de descanso activo y diferentes medios restauradores entre los que pudieran utilizarse los masajes y el tratamiento hídrico; cuestiones accesibles en muchos casos por constituir servicios que brinda la propia instalación. Pudieran recomendarse, una vez finalizadas sus actividades, que los animadores realicen sesiones de automasaje y se los apliquen también ellos mismos a sus compañeros, para lo que se requiere poseer una instrucción elemental basada en conocimientos sobre las técnicas aludidas y la práctica corporal.

Cuando se accede al descanso activo al aire libre, las potencialidades recuperativas aumentan en los responsables del esparcimiento, favorecidas por el funcionamiento óptimo del sistema nervioso; feliz responsable, este último, de la evitación de males asociados a la aparición precoz de la fatiga y las sobrecargas de trabajo.

El descanso no debe ser confundido única y exclusivamente con la inacción total, pues el trabajo bien organizado puede considerarse un verdadero descanso activo. Son los propios animadores, quienes al referir experiencias de ese tipo, ponderan sus beneficios, destacando lo mucho que les ayuda a la estabilidad de su estado físico general y llegan a asociar esa ocurrencia con actividades o tipos de labor realizadas.

No menos importantes resultan en el logro de una atención especial a los profesionales de la animación, algunas observaciones de índole higiénicas, entre las que se encuentran aquellas que aseguran una correcta alimentación; proceso que es considerado necesidad biológica fundamental del organismo, por ser fuente segura de energía, así como de otras sustancias indispensables para el desarrollo corpóreo y la regulación del metabolismo. Debe recordarse que el alimento representa determinada combinación de productos alimenticios compuestos de proteínas, grasas, carbohidratos, vitaminas, sales minerales y agua.

La dieta de los animadores requiere ser balanceada en proporciones óptimas, dados los consumos energéticos en que incurre. El alimento puede ser considerado cuantitativamente integral cuando llega a cubrir tales necesidades. Resulta bien notorio que mientras más intenso resulte el trabajo físico ejecutado, mayor será el gasto originado y más necesario será el balance dietético, en eso se basa una correcta alimentación. Estos elementos sirven para demostrar, suficientemente, los requerimientos dietéticos que animan la labor recreativa, sin los que sería muy difícil garantizar la dinámica propia de la profesión.

Pero resulta cosa evidente, en el ámbito científico, que alcanzar parámetros extremos en los niveles calóricos aportados por la alimentación, pudiera ser igualmente perjudicial a toda persona, pues mientras los deficientes conducen irremediablemente a la disminución del peso del cuerpo, empeoramiento del estado general, descenso de la capacidad de trabajo y reducción de las fuerzas de defensa del organismo, los excesivos son los causantes de un aumento exagerado del peso del cuerpo y motivo de la obesidad a la que resulta atribuible una pérdida sensible de movilidad, coordinación motriz y presencia física de excelencia en lo estético, lo que en materia de animación presupone una segura afectación a su imagen.

Resulta necesario que durante las comidas no sea desviada la atención hacia otras cuestiones, ni dedicarse a otros asuntos, evitando conversar sobre determinados problemas o situaciones desagradables y sobre todo, las que guarden inmediata relación con las problemáticas laborales. De ocurrir acompañado de clientes, como sucede en muchas instalaciones, se evitará ser desagradables, guardando silencio y mostrando hábitos y modales correctos. Es necesario que durante las comidas se realice una adecuada masticación de los alimentos y se llegue a propiciar un ambiente en extremo acogedor y tranquilo, contribuyendo con ello a un adecuado proceso de asimilación de los nutrientes.

El horario de comidas de los animadores se debe coordinar con el régimen general del hotel y el programa de animación, debiendo ocurrir a una hora invariable, pues es bien conocido que ello favorece una mejor asimilación y digestión de los alimentos. Por desarrollarse las actividades de animación en dos sesiones perfectamente diferenciadas, con períodos de recesos intermedios, el respeto de los momentos destinados a la alimentación se ve ampliamente favorecido.

No menos importante que la nutrición, lo es el período de sueño. La inhibición que produce la fatiga durante el día, a costa de realizar múltiples esfuerzos físicos y mentales, establece las condiciones fisiológicas necesarias para que el sueño, luego de esa extensa jornada laboral, pueda restablecer la capacidad de trabajo del organismo y de hecho se manifieste como la función imprescindible que es, al organismo humano.

Las horas disponibles para el descanso reparador, en los responsables del recreo, suelen ser escasas. Según criterios expuestos, la mayoría de los animadores coinciden en dormir muy irregularmente, careciendo de un horario preestablecido con ese fin. Es, precisamente, en este momento que el jefe del elenco juega un papel muy importante, pues es él, quien debe consignar en la planificación de actividades, una distribución racional de las funciones de sus subordinados, de manera que los mismos no se vean excedidos en su horario laboral y accedan al instante del descanso, disponiendo de un tiempo prolongado para ello.

Teniendo en cuenta que la sobrecarga de trabajo contribuye a excitar el sistema nervioso y que ello ocurre siempre a expensas del carácter dinámico de las propias actividades de animación, es necesario que para que el sueño sea todo lo profundo, reparador y duradero que debiera ser, existan condiciones óptimas en los dormitorios que propicien un reposo tranquilo.

La falta frecuente de descanso y el insomnio ocasionan agotamiento del sistema nervioso, repercuten con gran impacto en la disminución de la capacidad de trabajo y contribuyen sin otra razón añadida, al debilitamiento de las fuerzas en defensa del organismo, así como a algo muy grave en un animador: la propensión a la irritabilidad en la interacción social con clientes y colegas, cuestión esta que atenta contra su labor basada en las relaciones humanas de tipo afectivas.

La alteración del sueño puede obedecer a diversos motivos, pero inalterablemente origina la pérdida de secuencias en sus respectivas fases e impide que se alcance la óptima rehabilitación del organismo. Como bien se ha expresado antes, el silencio y la tranquilidad son condiciones indispensables para un reposo saludable.

Los animadores aquejados de una mala noche suelen mostrar evidentes descoordinaciones en sus movimientos, caracterizarse por sus desplazamientos lentos y experimentar una merma considerable en las relaciones interpersonales. No es ocioso recordar que una noche de insomnio, ocasiona los mismos trastornos fisiológicos de ritmo circadiano generados por un vuelo transoceánico.

Existen otros aspectos que desde el punto de vista higiénico tocan muy de cerca a estas personas, pues representan situaciones vinculadas a su propia actividad, siendo una de ellas, el tema referido al cuidado de la piel (el órgano mayor del cuerpo).

Se habla de que en dependencia del estado en que se encuentren las capas cutáneas se pudiera comportar la salud de las diferentes personas, así como su capacidad de trabajo y la resistencia a determinadas enfermedades, ya que las mismas desempeñan varias funciones fisiológicas. La aceptación de estos elementos conduce al criterio ampliamente expuesto de que una piel sucia puede ser causal de afecciones de salud muy variadas, por lo que el lavado regular del cuerpo con agua caliente y jabón, así como el cambio de la ropa interior son prácticas obligatorias en cualquier ser humano y sobre todo en los profesionales de la animación, expuestos como están a ensuciarse como consecuencia de las variadas actividades físicas donde se ven implicados, cuestión que podría entenderse mejor si se tiene en cuenta el ambiente en que estas encuentran su nivel de realización, al aire libre y en ocasiones bajo un intenso calor, dependiendo de la zona geográfica. Después de concluida su labor resulta conveniente que los animadores reciban una ducha para limpiar su piel, logrando con ello un efecto sedante y recuperativo, lo que pudiera verse favorecido por la ocurrencia de un baño de vapor, considerado por muchos, un magnífico tratamiento higiénico.

Las manos requieren, inobjetablemente, de un cuidadoso lavado, producto del alto número de microbios patógenos que se alojan en ellas luego de la realización de cualquier actividad y que de no ser eliminados amenazan contaminar los productos alimenticios y las vasijas, pudiendo provocar sin otra vía para su evitación, diversas patologías como las enfermedades diarreicas.

Antes de la ocurrencia de las comidas y después de la ejecución de cualquier actividad se hace obligatorio el lavado exhaustivo de las manos. No es necesario extenderse mucho en elementos que ilustren este aspecto, pues existe una elevada conciencia del grado de suciedad que pueden adquirir las manos del animador durante el desarrollo de las diferentes acciones donde se ve implicado. Estos cuidados deben ser ampliamente recordados entre los clientes, quienes en muchos casos provienen de zonas del mundo en que determinadas cepas de esos agentes han alcanzado gran resistencia a los medicamentos alopáticos.

La ropa y el calzado cumplen una función importante de protección al organismo, pues su uso previene de afectaciones dadas por el enfriamiento y sobrecalentamiento, además de posibles lesiones y suciedades. Pero resulta claro que si esos elementos resultaran inapropiados a las condiciones del clima, excesivamente cálido o muy frío, su uso pudiera ser igualmente nocivo para la salud de las personas que se dedican a la animación hotelera, dadas las condiciones en que son realizadas sus diferentes actividades, con un alto contenido de exigencias físicas y expuestos de continuo al aire libre y el sol. De aquí que estos sujetos deban usar ropa deportiva que les permita una amplia libertad de movimientos, es decir, que no limite sus acciones, ni obstaculice la ventilación de la piel, respiración, circulación sanguínea y digestión.

Los trajes de los que se encargan de la recreación, además de exhibir llamativos colores y mensajes que expresen su nacionalidad, deben ser elegidos según la estatura y grueso de cada individuo, de manera que sean holgados, frescos y además resistentes.

Con frecuencia, en el desarrollo de las propuestas recreativas, surge la necesidad de cambiar de ropa, de acuerdo con sus exigencias o requerimientos; por lo tanto, es preciso contar con un número suficiente de trajes y artículos de vestir. Para las tareas en la piscina o en la playa se exigen trusas, mientras que shorts y camisetas suelen ser más adecuados para otras actividades al aire libre.

En la confección de los trajes de los animadores deben ser usados tejidos que permitan absorber bien la humedad del espacio existente debajo de la ropa y que favorezca su eliminación, al exterior, a través de la evaporación; pero estos de igual manera están requeridos de un calzado que sea ligero, confortable y amplio, aun cuando se ajuste perfectamente al tamaño del pie.

Atendiendo a sus características y a la movilidad extrema de las personas que se dedican a la animación, no es de extrañar que sus pies alcancen una alta sudoración, lo que puede favorecer, con bastante frecuencia, la aparición de procesos inflamatorios locales, rozaduras y otro tipo de laceraciones, de aquí que se precise lavarlos diariamente con agua y jabón en diferentes momentos tales como la hora de acostarse o al cambiar los calcetines y usar convenientemente antimicóticos en casos necesarios.

El andar descalzo acarrea un peligro potencial pues es causal ordinario para la transmisión de un pie enfermo a otro sano, del denominado fungo patógeno, microorganismo que ataca fundamentalmente la piel de las plantas y los espacios entre sus dedos, cuyos principales síntomas están relacionados con escozor o ardor, así como con manifestaciones cutáneas peculiares representadas por pequeñas burbujas, erosiones diversas acompañadas de humedad, peladuras y grietas. Al aparecer tales síntomas es necesario que estos promotores visiten con prontitud a un médico, con el objetivo de iniciar un proceso de curación sistemática.

No es extraño que como resultado del uso frecuente y la naturaleza de las actividades que ellos ejecutan, tanto la ropa como el calzado de los especialistas del ocio se ensucien gradualmente, además de deteriorarse por la constante presión, la fricción y el estiramiento, por lo que se requiere de un lavado y limpieza regular capaz de garantizar su estado óptimo.

No menos importante es la atención estomatológica que debe recibir todo animador ya que el cuidado de los dientes y la cavidad bucal resulta imprescindible desde el punto de vista higiénico. La presencia de una boca sucia y dientes deteriorados, además de un negativo impacto estético en clientes y colegas, son una puerta de entrada a toda clase de infecciones y causa de alteraciones en el funcionamiento del tracto digestivo. El cepillado deba realizarse por la mañana, entre comidas y por la noche, antes del sueño. Resulta importante que el personal de animación se someta a un examen profiláctico del dentista, dos veces al año.

Son innumerables los estudios realizados en el mundo que demuestran el daño que puede ocasionar a una persona sana el nocivo hábito de fumar. Esas propias investigaciones son probatorias de la disminución ostensible que experimenta la capacidad de trabajo y el daño fisiológico que deviene de tan dañina y peligrosa costumbre.

Erróneamente, se ha pretendido esgrimir que a consecuencias de la acción de fumar se ven favorecidos aspectos relacionados con la capacidad de trabajo intelectual; sin embargo, tales argumentos han sido desmentidos por la ciencia, la que se ha encargado de establecer que la excitación inicial producida en la corteza cerebral por efecto de esa práctica, es sustituida casi inmediatamente por la inhibición de las células nerviosas. De la misma manera, se asegura que junto al humo que penetra al organismo, ocurre la incorporación de diversas sustancias venenosas tales como nicotina, sustancias resinosas, monóxido de carbono y ácido prúsico. Diversas sintomatologías son características del universo de los fumadores, por lo que en ellos ocurren profusas dolencias tales como dolores de cabeza, alteración del sueño, disminución de sus capacidades corporales y mentales. No es ocioso insistir en el freno que constituye este hábito para la realización de actividades de tipo físicas recreativas, limitantes en el logro de una animación de excelencia, todo ello a consecuencias del notable deterioro que se produce a nivel de los sistemas cardiovascular y respiratorio. Por otra parte, como consecuencia del citado reconocimiento de la nocividad de este hábito, al existir una fuerte tendencia higiénica mundial antitabáquica, el animador fumador puede sufrir menoscabo en su aceptación por los clientes.

Otro hábito nocivo, causa notable del deterioro de la salud humana, lo constituye el ingerir bebidas alcohólicas y entre sus afectaciones más notables figura la brusca disminución de la capacidad intelectual, tan necesaria para el desarrollo de acciones de animación.

Los profesionales que animan deben mantenerse alejados del alcohol, pues como se ha explicado su ingestión frena los procesos recuperativos, unido a la influencia que ejerce sobre las cualidades volitivas y que puede ser motivo deshinibitorio para la práctica de conductas amorales, totalmente incompatibles con la labor que realizan. El abuso de bebidas de este tipo, es causa frecuente también de accidentes y traumatismos. Desdichadamente, entre los animadores se valoran ideas erróneas acerca de las posibilidades estimulantes de pequeñas dosis alcohólicas; sin embargo, está demostrado que lejos de contribuir a eliminar las tensiones y fatigas, su ingestión disminuye las capacidades. La alerta se justifica por el hecho de que abundan las invitaciones a estos empleados, por parte de los clientes (muchos de ellos alcohólicos), a beber.

El mundo lleva a cabo una batalla contra el consumo de todo tipo de drogas, capaz de crear hábitos totalmente nocivos que ejercen una influencia perniciosa sobre el organismo y cuyos efectos, en las personas que las usan, suelen ser desastrosos desde el punto de vista social, dadas las alteraciones psíquicas y físicas profundas que aparecen asociadas. El uso de los narcóticos puede llegar a ser motivo de muerte.

Los animadores, en buena medida, están expuestos al contacto con turistas consumidores de drogas, por lo que habrán de recibir información detallada sobre lo que implica su consumo. Las autoridades sanitarias en las instalaciones hoteleras deben contribuir, a través de audiencias, a dar mayor información sobre el tema.

De la misma manera que ocurre con este flagelo, los animadores deben estar sistemáticamente prevenidos de los peligros que suponen las relaciones sexuales desprotegidas.

Hay que señalar que la observación de reglas higiénicas en la vida sexual, tiene en cualquier persona una gran importancia en función de preservar su salud. La profilaxis de las enfermedades venéreas está dirigida contra las relaciones íntimas casuales y los sistemas de salud alertan de forma sistemática sobre el riesgo de contraer SIDA u otras ITS (infecciones de transmisión sexual).

Por lo general, es en estado de embriaguez alcohólica que las personas participan con facilidad en relaciones carnales y como consecuencia adquieren esas enfermedades. Todo animador, a los primeros síntomas de esos contagios, debe acudir a un médico.

Los encargados de recrear a los visitantes no sólo deben evitar establecer relaciones de parejas ocasionales, sino que ellos mismos deben convertirse en promotores de las campañas sanitarias contra las infecciones de transmisión sexual, evitando caer en riesgos y tentaciones que muchas veces les imponen los contactos con los turistas. Es necesario recordar que el trato con los clientes debe caracterizarse por la cortesía y el mayor respeto posible, como lo exige una alta profesionalidad, sin probables excesos en los vínculos que se establezcan.

Hay aspectos que aun cuando no se relacionan directamente con la higiene personal, si tienen una importancia vital para el logro de las actividades de animación, representando una necesaria condición de seguridad para los animadores y los clientes.

Las instalaciones deportivas en los hoteles se encuentran al aire libre, por lo que se ven expuestas al aire y al polvo. Con el ánimo de contrarrestar esos elementos, es preciso sembrar franjas de áreas verdes a lo largo de todo su perímetro.

Las áreas destinadas al desarrollo de actividades deportivo recreativas deben ser limpiadas permanentemente, de manera que resulten verdaderos sitios de recreo, sin amenazas para la salud e integridad física de quienes las usen. Es oportuno señalar que la higiene en este medio está considerada como elemento básico para el logro de la calidad en el servicio.

Los animadores para trabajar y garantizar sus actividades deben disponer de una oficina dotada de medios necesarios, que les permitan desarrollar su labor, así como un local donde pueden controlar sus implementos, evitando el desorden y la suciedad.

Se requiere que estas personas, en caso que deban permanecer en el hotel por diversas situaciones, vean garantizadas sus condiciones de vida de forma adecuada, contribuyendo a su aseo y descanso.

Hay un aspecto de insoslayable abordaje: el de la higiene mental. En primer lugar, el que recrea debe ser un sujeto que se esfuerce por la adecuada negociación desprejuiciada con la alteridad, en pos del desarrollo de la empatía que propicie la aceptación cultural del otro.

Como segunda alternativa, la vocación de servicio del animador hacia la otredad debe ser asumida con egosintonía y no ser identificada preenjuiciadamente, jamás, con servilismo. Eso es imprescindible cuando se trabaja con personas de diferentes cosmovisiones y procedencias y es una regla de oro conductual de este profesional.

Las acciones de superación dirigidas al personal de animación deben comprender, sin menoscabo de temas puntuales, contenidos referidos a la manutención de la higiene y otros que permitan un servicio óptimo, ajeno a peligros potenciales para la salud de los clientes y ellos mismos.

La dirección de las instalaciones, por su parte, prestará especial atención al control de todas esas medidas con lo que preservará al componente humano de animación, logrando una elevada calidad del servicio prestado y prestigiando sus desempeños.

EL JEFE DE ANIMACIÓN

Una parte importante del éxito que pueda alcanzar el equipo de animadores de una instalación hotelera, sin menoscabo alguno de experiencias, bríos y conocimientos de sus integrantes, la tiene una dirección departamental acertada.

El jefe de animación, como centro del sistema recreativo, posee determinadas funciones: conocer los objetivos que debe alcanzar su equipo y determinar qué hacer para lograrlos (planificación), crear condiciones de todo tipo para que se cumpla la programación (organización), orientar y motivar a los animadores para que realicen exitosamente las actividades (dirección), preparar a los futuros cuadros entre sus propios empleados (formación de cuadros) y comprobar el funcionamiento cotidiano de su elenco (control). Dirigir un colectivo de animación, implica conocer muy bien su estado real y potencialidades, observar y estudiar de continuo la labor que realizan sus componentes, valorar objetivamente los resultados del trabajo, localizar, examinar y divulgar las mejores experiencias, tomar las medidas correspondientes para eliminar las deficiencias y atender a los requerimientos de los clientes.

Todas esas funciones forman parte de un ciclo que se inicia con la planificación y concluye con el control, haciendo valedera la gestión de dirección de estas personas. Dentro de este proceso le son atribuibles al jefe de animación, un grupo importante de tareas, las que definen parte de su contenido de trabajo.

Tareas propias de un jefe de animación.

- Distribuir racionalmente al personal bajo su mando en función de las tareas.
- Orientar y chequear sistemáticamente la divulgación de las distintas realizaciones.
- Velar por el cumplimiento de las acciones previstas en la programación, de manera que los animadores garanticen los medios e implementos necesarios para el desarrollo de las propuestas, con la puntualidad y calidad requeridas.
- Renovar de manera sistemática la programación, atendiendo a los criterios colectivos aportados por los animadores, el resto de los trabajadores del hotel y clientes.
- Chequear y exigir porque se mantengan los controles establecidos en las distintas áreas, coadyuvando a la preservación de los medios existentes.
- Participar en las reuniones a las que sea citado, contribuyendo con sus criterios al mejor desempeño del hotel.
- Establecer las coordinaciones necesarias con los demás departamentos de la instalación en la realización de las tareas y solución de cualquier problemática eventual.
- Evaluar periódicamente el desempeño de los miembros de su equipo, tomando medidas disciplinarias con los irresponsables e infractores y estimulando a los destacados
- Exigir una conducta adecuada a cada uno de sus subordinados.

- Chequear y exigir que las áreas destinadas a la animación cumplan con todos los requerimientos técnicos, higiénicos y organizativos.
- Controlar de manera sistemática el cumplimiento del presupuesto asignado, evitando los gastos superfluos e innecesarios.
- Establecer contactos frecuentes con los animadores para oír sus criterios, evaluar el cumplimiento de la programación de las actividades, asignar nuevas misiones y analizar de conjunto, con sus subordinados, los niveles de satisfacción de los clientes.

Los jefes de animación realizan un mejor control basados, fundamentalmente, en la observación y la comprobación. El control interno permite el conocimiento de las principales dificultades y contradicciones presentes en la labor recreativa, así como la toma de medidas oportunas que partiendo del análisis de las causas, determinen y permitan orientar las medidas para dar solución a los problemas existentes.

Resulta importante que el jefe de animación no delegue responsabilidad, sino autoridad y que siempre sea responsable de las actividades de su equipo, teniendo en cuenta que la dirección no se asegura en modo alguno por la fuerza, sino con la seriedad, energía, experiencia, cultura y talento que demuestre el cuadro dirigente.

El éxito del trabajo de animación radica en la compenetración que exista entre sus diferentes efectivos y para ello es preciso que el clima de trabajo sea favorable. El Jefe de animación procurará, en todo momento, el empleo de métodos de dirección donde abunde la comunicación, el respeto a las opiniones ajenas, el convencimiento y la toma colectiva de decisiones, pues bien sabido es que el empleo de técnicas autoritarias y poco cooperativas laceran enormemente los intereses del grupo y ponen en peligro los objetivos comunes.

Un equipo recreativo unido es capaz de alcanzar los propósitos más difíciles, vencer obstáculos y convencer favorablemente a los clientes, de aquí que el jefe departamental deba trabajar con denuedo por lograr objetivos cada vez más colectivos.

En el medio y como parte de la subestimación del trabajo de animación se escuchan expresiones referidas a las supuestas exiguas posibilidades que tienen los animadores para ocupar cargos de dirección, atribuyéndoles cierta incompetencia a partir de su carácter alegre y festivo. Quienes piensan de esa manera están totalmente equivocados, pues es indudable que existen excelentes jefes de esparcimientos promovidos en el desempeño de su actividad, lo que confirma, irrefutablemente, que al calor de la ejecutoria profesional maduran y se fortalecen las capacidades de los futuros cuadros. Todo ello ocurre como una resultante de la experiencia práctica, pero no sin requerimientos adosados a la formación sistemática y que devienen de un programa de superación bien concebido.

Por lo antes expuesto, se considera que la selección de los jefes de animación conlleva un proceso previo de preparación sistemática, a partir de una reserva idónea, conformada por los animadores más capaces y mejor dotados. Para seleccionar a los futuros cuadros, el jefe del equipo selecciona a los integrantes con mayores posibilidades de desarrollo y que en su quehacer mantengan actitudes correctas ante las diversas tareas. Realmente, no todos los que animan pueden convertirse en futuros jefes, de la misma manera que no todos los profesores pueden llegar a ser responsables de escuelas o los deportistas convertirse en directores de equipos. Para que esto ocurra, los encargados de recrear, deben cumplir determinados requisitos.

Requisitos para la promoción de los animadores a jefes departamentales.

- Poseer experiencia en la actividad, con dominio de las principales técnicas de animación y conducción recreacional.
- Demostrar ser organizados en función de las propuestas y preocupados por el éxito de su realización.
- Poseer un alto nivel de creatividad que permita la pronta sustitución de unas acciones por otras o el perfeccionamiento de las mismas.
- Mostrar condiciones de líder, enriqueciendo con las suyas las opiniones del equipo y coadyuvando a la unión de los demás.
- Tener una proyección positiva ante los problemas, de manera que sea capaz de sobreponerse a las limitaciones.
- Poseer una conducta moral ejemplar, caracterizada por una férrea disciplina y responsabilidad personal.
- Mantener relaciones humanas correctas, basadas en el respeto mutuo y la solidaridad.

LO QUE SE DEBE ERRADICAR

Existe una trilogía sumamente peligrosa para el éxito de la actividad de animación en el ámbito hotelero, la que debe ser desterrada con prestancia, pues supone una afectación incuestionable a la calidad de la labor que deben realizar sus profesionales; son ellas: el individualismo, la apatía y el pesimismo.

Se exige que para el logro de su gestión, todo el colectivo deba trabajar de conjunto, esforzándose los unos por alcanzar la virtud de los otros, pues lejos de esa concepción aflorarán las tendencias sectarias y con ellas las acciones individualistas. Ante un peligro de esa magnitud se ponen en riesgo desde las más encumbradas aspiraciones hasta las más sencillas propuestas y el fomento amplio de las experiencias cotidianas quedará a expensas de la censura extrema, sin otra tendencia que no sea la satisfacción egoísta de sus elementos protagónicos.

El individualismo, en manera alguna resulta compatible con la proyección de tan particular oficio, ni con la de los empleados que laboran en el sector turístico, requeridos todos ellos de la fusión más amplia de esfuerzos y voluntades, teniendo en cuenta que sus lauros continuados se acompañan de un carácter eminentemente solidario.

El mostrarse cooperativos, más que expresión manifiesta de querer hacer, es evidencia clara de sentido humanitario y esa condición por demás altruista, caracteriza el universo de la animación hotelera, por lo que es preciso preservarla de influencias negativas y lacerantes. Sólo a través del intercambio más amplio se accederá a la sabiduría profesional, garante de la labor que brinda la actividad turística.

Por otra parte, un clima de altercados y desavenencias frecuentes, ocasionadas por sentimientos egoístas, es no sólo exponente de una baja expresión de solidaridad y respeto, indispensable esta al oficio, sino también de condiciones que propician un servicio pésimo y ocasionan daños sensibles a la imagen que percibe el cliente. Los animadores no trabajarán de otra forma que no sea en equipos

La apatía, expuesta en sentimientos indolentes y aferrada a la falta de vigor o energía, es motivo frecuente de fracaso profesional, pues en tales condiciones se hace imposible lograr un resultado de excelencia en la oferta recreativa, que como se conoce es fruto de la alegría y el dinamismo; aspectos íntimamente relacionados con la acción de animar. Es la apatía, motivo de frecuentes suspensiones, tardanzas inconcebibles, carencia de una técnica coherente y motivadora, conductas públicas de desánimo y menosprecio por las acciones que se realizan y algo más pernicioso aun, la desatención al visitante, expuesta en un visible e intolerante menoscabo hacia los turistas que se recrean.

El pesimismo que es la propensión a ver y juzgar las cosas en su aspecto más desfavorable produce daños colectivos considerables, siendo este mal la causa principal de la carencia de iniciativas y creatividad, la falta de gestión y la transmisión de estados de ánimo desfavorables a los visitantes.

El técnico recreativo que adolezca de un elemental sentido positivista acerca de su labor y de la vida en general, poco aportará al fomento de la animación y conducción recreacional y más que en seguro promotor de las diversas opciones, ofrecedoras de placer a los turistas, habrá de devenir en su acérrimo detractor.

Cualesquiera de los fenómenos descritos puede ocasionar daños irreversibles a la salud hotelera y no es necesario que actúen de conjunto para que sus consecuencias sean nefastas, por lo que los jefes departamentales procurarán el empleo de métodos de dirección que permitan neutralizar tales conductas tan pronto lleguen a manifestarse, promoviendo un clima donde aflore el respeto por las opiniones ajenas, prime el convencimiento, se tomen decisiones colectivas y experimente una amplia comunicación. Todo ello debe estar alejado de procedimientos autoritarios y poco cooperativos, peculiarmente rechazados por la mayoría de los animadores.

Un colectivo unido es capaz de alcanzar los propósitos más difíciles, vencer obstáculos y persuadir favorablemente a los clientes. Se trata de beneficiar la solidaridad, cooperación y ayuda desinteresada, de propiciar la alegría y los deseos de hacer, así como estimular las ideas más positivas.

No es ocioso significar que la fusión de intereses en la labor de animación y la lucha contra las tendencias antes descritas, más que simple ejercicio encaminado a enrumbar la disciplina del elenco, apunta hacia la elevación de la satisfacción del que se recrea y el éxito de cualquier instalación hotelera; además de constituir requerimiento manifiesto para la consecución de un resultado de excelencia y aspiración valedera, encaminados a un posicionamiento favorable entre los destinos más aclamados por los visitantes.

MÁS ALLÁ DEL PRESUPUESTO...

Un hotel es bien complicado puesto que además de los ofrecimientos usuales de hospedaje y comidas puede poseer otros muchos como: lavandería, teléfono, tiendas de regalos y las diversiones. Precisamente, una de las fuentes de ingreso hotelero se corresponde con las variadas propuestas recreativas, las que por su naturaleza influyen en los estados de ánimo de los clientes; de aquí que la animación sea percibida no sólo como un servicio más, sino como la actividad extraordinariamente importante, que es.

Para los animadores, es requerimiento imprescindible determinar cuáles son aquellos indicadores económicos principales que se relacionan con el oficio que realizan, desglosados en sus diferentes aspectos, de forma tal que les sea posible la toma oportuna de decisiones y una adecuada observación sobre el cumplimiento de cada tarea. Una política austera en relación al uso de los recursos y medios disponibles asegurará resultados económicos favorables a la gestión departamental y a la instalación. La utilización del presupuesto como elemento de control debe estar presente en la labor sistemática del elenco.

El presupuesto no es más que un balance de ingresos y gastos que facilita el control de la utilización de los recursos financieros, materiales y humanos, cuyas características principales son:

- Permite cuantificar entradas y salidas y por ende evaluar si lo ingresado y gastado o consumido se mantiene dentro de los niveles apropiados.
- Obliga a establecer políticas y objetivos de manera clara y precisa.
- Conlleva al autoanálisis y a la evaluación de los resultados del área.
- Contribuye a optimizar la utilización de recursos limitados.
- Ayuda a definir e individualizar la responsabilidad.

Se puede afirmar que la valoración del presupuesto permite a los encargados recreativos o cualquier otro empleado hotelero, conocer lo que se espera de ellos, perfeccionar de continuo sus acciones, trabajar en la elevación de la calidad del servicio y fortalecer con criterios y opiniones la labor de todo el colectivo.

Los que animan no pueden estar ajenos a los resultados generales de su instalación, por lo que deben conocer del nivel de eficiencia y otros detalles relacionados con la operación del hotel, ya que la mayoría de las veces esto les permite accionar de conjunto con otros departamentos, posibilitando el éxito colectivo.

El aumento de la eficiencia económica depende de un conjunto de factores entre los cuales se encuentra, mostrando un papel relevante, la elevación de la calidad del servicio.

Pudiera suceder que en un momento determinado, por el resultado favorable en la ejecución del presupuesto se piense en la consagración y se abandonen aspectos sumamente importantes vinculados al impacto que debe lograr la prestación de los servicios y muy puntualmente el de referencia: la animación hotelera. Si ese fuera el caso se estaría arriesgando el resultado futuro de dicha instalación.

Las relaciones positivas en el presupuesto o nivel de utilidades alcanzadas pudieran mermar en sólo unos meses de existir insuficiencias en la programación de las propuestas recreativas o en la disposición a laborar de quienes las aseguran. Se trata entonces de lograr mejores opciones o lo que es lo mismo, alcanzar la excelencia del producto que se oferta.

Para muchos la calidad es la sensación de satisfacción de cualquier cliente y radica en la relación de lo que se obtiene por lo que se ha pagado, es decir, aparece como el resultado de un estado anímico e ilusorio que es necesario mantener y mejorar.

Para los empleados de una instalación hotelera la calidad no se improvisa, se aprende día a día y requiere para su construcción de elementos que tienen que ver con el tiempo que se le dedique, la perseverancia, el esfuerzo y los deseos de alcanzar un estadío superior en cada uno de ellos.

Es importante valorar que un buen resultado, es asunto de todos y que la organización del trabajo, unida a la motivación profesional, son factores importantes en su consecución.

Uno de los mayores recursos para mejorar la calidad de la oferta lo constituyen las sugerencias del propio personal hotelero. Dichas opiniones pueden partir de los miembros del equipo o de otros empleados de la instalación, pues la posibilidad de que los demás se expresen sobre la labor realizada, lejos de provocar en los animadores desconfianza o cualquier otro sentimiento de rechazo, debe servir como herramienta para conocer acerca de sus deficiencias y como erradicarlas. Una crítica oportuna puede ayudar a perfeccionar el servicio, teniendo en cuenta que las personas que están próximas a las áreas de animación, aun cuando estén implicadas en otros ofrecimientos, muchas veces se percatan de determinados problemas con los que a diario conviven y que no son percibidos por los encargados de recrear.

La actividad de esparcimiento tiene la extraordinaria posibilidad, de paliar las insuficiencias que se originan en cualquiera de los demás servicios hoteleros. Un visitante puede recibir un insuficiente servicio gastronómico o no encontrar una habitación según sus expectativas, lo que le causará molestias y enfado; pero sí la recreación logra a través de sus variadas formas hacerle una estancia placentera, entonces es posible que el turista cambie sus opiniones de manera favorable, llegando a olvidar el incidente y se sabe que ese estado suele tener un carácter multiplicador. Se considera que la repitencia de los clientes tiene su basamento en la satisfacción que encuentran por el servicio recibido y aquellos que se sientan correctamente atendidos, no sólo serán seguros repitentes, pues al comunicarse con sus amigos, los atraerán también a la instalación.

Resulta muy significativo hacer valoraciones profundas e integrales de la labor realizada por un equipo cualquiera, particularmente del resultado del servicio que es ofertado, aun cuando para ello se utilicen formas diferentes. De aquí que se piense constantemente qué mecanismos pudieran permitir evaluar el grado de satisfacción alcanzada.

La calidad se mide a través de determinadas acciones en las diferentes instalaciones, sin que necesariamente se recurra de una vez, a todas ellas, en un mismo sitio.

Algunos hoteles aplican listas de chequeo a sus áreas, estableciendo la puntuación alcanzada por aspectos y de esa forma coadyuvan a elevar el resultado de sus trabajadores al delimitar las insuficiencias y los retos futuros, con lo que se habla de un posible nivel de eficiencia.

Otras instalaciones utilizan el estudio de opinión a través de las encuestas al cliente. Este procedimiento, es un medio efectivo para determinar qué piensan los turistas del servicio recibido. Las encuestas son aplicadas indistintamente, con una periodicidad que varía acorde a las necesidades y decisiones de las cadenas y los propios hoteles. Los elementos, aportados por los visitantes, resultan de gran significación para la labor de los hoteleros, pues reflejan en buena medida, las vivencias de los usuarios, sus agrados e insatisfacciones.

Se debe recordar que los resultados de las encuestas comerciales favorecen el proceso de planificación de las estrategias de marketing y publicidad, así como el de modificación de los productos en aras de incrementar sus ventas.

El comportamiento de la ocupacion hotelera, entre otros motivos, pudiera ser medidor de calidad; aunque se hace necesario explicar que la industria turística se ve afectada, en mayor medida que cualquier otro sector, por acontecimientos externos a la misma (factores exógenos: climatología, inestabilidad política y social en los países emisores, terrorismo internacional, etc). Esos elementos llegan incluso a poner en peligro la existencia de la propia empresa.

Otra posibilidad se establece en el contacto directo que alcanzan los animadores con los turistas, pues en ese momento pueden conocer de sus criterios o experiencias y a partir de las insatisfacciones expuestas, proponerse rectificar las insuficiencias. El uso de diferentes técnicas o recursos ayuda, en buena medida, a mostrar el nivel de calidad alcanzada, pero no se debe olvidar que su juez supremo es el cliente.

Se trata entonces de lograr, en correspondencia con los indicadores económicos, un mejor servicio, o lo que es lo mismo, alcanzar la excelencia del producto. Es importante valorar que su consecución es asunto de todos y que mucho agradece ese probable éxito, a la organización del trabajo y motivación que origine.

EL PODER DE LA SONRISA

Se ha explicado el hecho de que muchas personas consideran que las diferencias entre hoteles de similar categoría son mínimas, pues por lo general, dichas instalaciones disponen de servicios y recursos análogos. Ellas mismas, manifiestan que lo que los hace superiores estriba en el trato amable de sus empleados y no en otra apreciación de tipo tangible. En realidad sucede así, pues la distinción que les permite ser reconocidos (a los diferentes hoteles) está íntimamente relacionada con el desprendimiento de afecto, cariño y solidaridad que pueda originarse entre sus profesionales, el que muchas veces se ve traducido en una presencia sonriente.

Es perfectamente aceptado como un requerimiento, que los hoteleros se comporten agradablemente en todo momento y ocasión, posibilitando, con su actitud, una alta satisfacción del cliente. En el caso de los animadores estas consideraciones son imperiosas. Más que en una necesidad de tipo perentoria, el sonreír es una obligación insoslayable en el universo del recreo.

La sonrisa es el complemento del arte de la animación, sostén garante de la arquitectura lúdica, sin menoscabo alguno de otras acciones puntuales tendientes al recreo, esparcimiento sano y al placer recreativo; pues constituye una excelente posibilidad de trasmitir ideas positivas, al acompañar con rigor a una voz clara, articulación correcta y adecuada entonación.

En muchas ocasiones, la sonrisa deviene en invitación amable, capaz de romper con esquemas lingüísticos, que de usarse pudieran parecer simple compulsión, liberando al visitante de una inercia que debe su origen al miedo escénico o la apatía y termina por envolverle en la magia de la actuación, resultando casi sin la aceptación consciente de sus benéficos aportes espirituales y más allá de cualquier otra contribución, medicina oportuna que precave. A partir de esas sensaciones se convierte (el visitante) en feliz protagonista de un accionar que alienta el deleite y le provoca una atención mayor, concediendo una autoridad justificadísima al que anima.

En ese clima de fruición, casi indescriptible, no es extraño que se releguen a un plano muy inferior insatisfacciones causadas por otros servicios, lo que convierte a la animación en excelente paliativo y es universalmente reconocida la multiplicación que genera ese estado de complacencia, a partir del contacto de este, con otros potenciales turistas.

Lo cierto es que el cliente no debe ser considerado jamás culpable del mal humor de los animadores por lo que será tratado con toda la dedicación que se merece, sin desprecio alguno a sus opiniones y gustos. Por supuesto, nada más sugerente en caso de una relación difícil con los turistas, que el tributo cálido de una sonrisa afectuosa.

Pero tal ofrecimiento, en nada podría estar asociado a un trato pedante o excesivamente rebuscado, pues en igual cuantía se sabe acerca de sus efectos nocivos entre la mayoría de las personas, quienes consideran tales exageraciones como prácticas indeseables; de aquí que las pretendidas bondades aborten en fracaso seguro y en fútil ejecutoria. La alegría del animador ganará en adeptos, en la misma medida que haga más probada su incuestionable sencillez, originando ambientes pródigos en emociones y experiencias imborrables.

La sonrisa de los que recrean es parte constituyente del progreso de la industria turística y sirve de baluarte a la imagen de una de sus actividades insignias: la animación hotelera.

CONSEJOS ÚTILES A LOS ANIMADORES

Los animadores no sólo deben ser alegres, optimistas y poseer una cultura integral, pues es necesario que profesen profundo respeto por diversas cuestiones de índole profesional, recurrentes en sus disímiles escenarios y sin las cuales, las actividades ofertadas no llegarían a ser del agrado de las personas que se recrean.

Este autor, ha querido dedicar un capítulo exclusivo a recomendar cómo proceder ante los más elementales aspectos que guardan relación con la organización de la labor, técnicas de animación y conducción grupal, así como con determinadas normas de conducta, sin las que sería improbable alcanzar el éxito de las acciones que desarrollan los animadores y la satisfacción de los clientes en cualquier instalación hotelera. Su abordaje, expresado en forma de consejos breves y concisos, pretende coadyuvar a tales aspiraciones. Para su elaboración se tuvieron en cuenta elementos dados por diversos autores, citados en esta obra y otros de naturaleza empírica.

Principales consideraciones profesionales para el desarrollo de las actividades de animación hotelera:

- Programar siempre las actividades, partiendo del análisis de los mercados que visitan el hotel, sus necesidades previamente expuestas y vivencias recreacionales; considerando, de igual manera, la experiencia profesional de los animadores y disponibilidad de recursos.

- Utilizar para la elaboración de las propuestas el criterio devenido de los estados de opinión de los clientes.
- Apelar a la sapiencia colectiva en aras de lograr una programación de gran calidad y aceptación, a través de consultas con la mayoría de los empleados y directivos del hotel.
- Realizar, previo al desarrollo de las actividades, la coordinación con otros servicios implicados en su ejecutoria.
- Procurar todos los medios necesarios, para el desarrollo de los eventos, con suficiente antelación, cerciorándose que los mismos se encuentren en perfecto estado de conservación.
- Garantizar los medios de seguridad e higiene necesarios para la consecución de las acciones, así como la limpieza y organización de las diferentes áreas o locales.
- Evitar cualquier riesgo que pueda ser constitutivo de afectaciones a la salud e integridad física de los usuarios, durante la realización de las propuestas; así como a las de los animadores y demás empleados, cuya naturaleza se relacione con situaciones diversas.
- Realizar una amplia divulgación de las acciones que se programen, empleando siempre distintas vías.
- Precisar en la información gráfica y oral, la hora y lugar de la ocurrencia de las ofertas (elementos indispensables para una correcta orientación a los clientes).
- Anunciar el inicio de los eventos nunca después de quince minutos previos a su apertura.

- Utilizar el marco de las propuestas que se ejecutan para el anuncio de las próximas opciones.
- Expresar los anuncios de las actividades de manera clara y precisa, sin emplear palabras o frases innecesarias.
- Estar siempre listos y en el lugar de la actividad, nunca después de cinco minutos antes de la hora de inicio.
- Considerar la impuntualidad como un aspecto inadmisible para el desarrollo exitoso de la labor de animación.
- Evitar mostrarse en público, durante la celebración de los espectáculos, vistiendo los trajes de actuación o maquillados, previa aparición en el escenario.
- Mostrar en todo momento una presencia correcta ante los turistas que comprenda, entre otros elementos, una adecuada uniformidad.
- Considerar que la falta de uniformidad no sólo es inadmisible por razones estéticas, sino también por motivos profesionales.
- Mostrar un uniforme pulcro, de manera que se reconozca también a los animadores, por sus hábitos de higiene.
- Portar grabados en los vestuarios reflejando elementos autóctonos tales como sellos, frases y otros mensajes.
- Poseer las uñas cortadas y limpias, el pelo arreglado y convenientemente peinado, calzado lustroso, además de pulcro y en el caso de los hombres, presentarse siempre afeitados.
- Realizar las actividades según lo programado y de existir un cambio por razones extraordinarias, ofrecer la correspondiente información, además de la debida excusa por parte de los animadores.

- Tener en cuenta que mientras existan personas interesadas en desarrollar las propuestas, jamás deben suspenderse las mismas.
- Esperar hasta quince minutos después de la hora de inicio para retirarse del lugar, en caso de no concurrir ningún cliente a la actividad convocada
- Presentar los eventos, primero en el idioma local y después en las lenguas que correspondan al orden numérico de usuarios alojados en el hotel, comenzando por los más numerosos.
- Tener en cuenta que la participación de los que se recrean será siempre voluntaria, por lo que deben omitirse acciones de compulsión externa.
- Evitar ser demasiado insistentes y repetitivos en las invitaciones, lo que pudiera ser de muy mal gusto.
- Considerar que el tomar de la mano a los turistas, para obligarlos a participar de las ofertas de animación, es contraproducente.
- Apreciar que la sugerencia no debe interpretarse como una ciega obediencia o aceptación inmediata, es decir, debe mediar la decisión personal del que recibirá el servicio.
- Lograr la actitud positiva del cliente hacia las diferentes propuestas, utilizando insinuaciones sugerentes sobre la conducta deseada, sin mostrar demasiada ansiedad al respecto.
- Organizar adecuadamente las actividades, seleccionando a los turistas que habrán de participar en la realización de las mismas.
- Mezclar a las personas de diferentes nacionalidades, al desarrollar las propuestas recreativas, propiciando un clima de confraternidad entre todos los participantes.

- Ubicar a los clientes de forma tal que queden todos en el campo visual del animador, lo que facilitará el control que debe tener sobre el público.
- Colocar a los turistas, de manera tal que sobre ellos no incida directamente luz alguna y en caso de laborar en presencia del sol, lograr que sus rayos caigan de manera ligeramente oblicua y frontal sobre el que anima.
- Impedir que durante el desarrollo de las actividades, a espaldas del animador, existan objetos móviles, excesivamente iluminados o de profusos colores, lo que podría producir un efecto de desatención del público y limitar el disfrute de la oferta.
- Elegir al aire libre una ubicación que, a espaldas del animador, disponga un árbol grueso, cerca tupida o pared.
- Tener en cuenta que al animar, en áreas techadas, es necesario ubicarse en un rincón, sobre el escenario o contra la pared, mientras el grupo permanece sentado (preferentemente) o de pie frente al promotor.
- Destacar en cada caso las reglas de la actividad que se va a realizar con los participantes, considerando que no sólo es necesario que se informe adecuadamente, sino además, que exista una correcta demostración.
- Trasmitir en cada caso ideas positivas.
- Evitar las interrupciones mientras se trabaja y por cualquier motivo, pues el cliente debe sentirse atendido e importante en todo momento.
- Considerar que abandonar los eventos que realiza con los turistas, es una indisciplina mayúscula en cualquier animador, totalmente incompatible con su ética profesional.
- Participar sólo como árbitros en las propuestas, evitando jugar y hacerlo sólo en caso necesario,

cuando el número de participantes así lo justifique, nunca con la intención de ganar.

- Evitar el uso de los micrófonos para llamadas a clientes, compañeros de labor o con otros fines que no sean los destinados a la animación.
- Narrar convenientemente lo ocurrido durante el desarrollo de cada actividad, creando un clima agradable de participación.
- Desarrollar la conducción con voz clara, articulando correctamente en los diferentes idiomas y procurando sea aceptable la entonación, de manera que exista una adecuada comunicación con los que se recrean.
- Conocer con amplitud las actividades que se vayan a narrar, refiriéndose, a ellas, con ajuste a sus técnicas y reglamentaciones; haciendo énfasis en detalles que puedan exacerbar la autoestima de los participantes.
- Narrar las competencias deportivas respetando las reglas especiales de terreno y que hayan sido acordadas inicialmente.
- Tener en cuenta que los animadores, al narrar las actividades, jamás recurrirán a gritos estridentes, ni elevarán el tono de voz más alto de lo que permita la audición y acorde con el desarrollo de las acciones.
- Evitar hacer alusión a un exceso de sexualidad en las propuestas que se desarrollan, procurando que las mismas posean un contenido sano y respetando la presencia de niños.
- Evitar el uso de palabras obscenas aún cuando se manifiesten en idiomas desconocidos al cliente, pues la articulación de frases soeces denota una escasa educación moral del individuo.
- Conducir las actividades limitándose a resaltar lo que sucede en el terreno, sin que se parcialice (el animador) con equipo o jugador alguno.

- Animar dirigiendo la mirada alternativamente a todos y cada uno de los integrantes del grupo de usuarios, sin que se repare en uno o varios de ellos, de manera insistente.
- Permanecer con las manos inmóviles durante la conducción puede incidir desfavorablemente en la atención al grupo de turistas y por consiguiente en el resultado final.
- Favorecer la comunicación con los que se recrean al utilizar, además del lenguaje oral, otras formas relacionadas con los gestos y la mímica (La comunicación gestual se considera el 60% de toda la comunicación humana y resulta un campo extremadamente importante dentro del fenómeno de animación).
- Desarrollar las clases a los clientes, ajustándolas a los conocimientos previos que estas personas puedan tener (idioma, coctelería, bailes, tenis, etc).
- Orientar las clases del idioma local, hacia las formas de saludar y aspectos relacionados con la cultura del país y la localidad.
- Tomar las medidas correspondientes en evitación de accidentes fatales, durante las actividades acuáticas.
- Promover constantemente los valores patrimoniales y las tradiciones culturales del país al desarrollar las propuestas y fuera de ellas, de manera que cada vez se transmita fielmente lo autóctono
- Prestar gran importancia a las formas y maneras de conducirse ante los participantes.
- Evitar chasquear los dedos, silbar o hacer aspavientos al llamar a los compañeros de labor.
- Tener en cuenta que jamás deben mostrarse excesos de confianza o familiaridad con los clientes.
- Evitar perder la calma por muy difícil que pueda resultar la relación del animador con su público.

- Considerar que es preciso ser tolerantes con los turistas y extremadamente cuidadosos para no herir susceptibilidades, evitando dejarse provocar.
- Rechazar las discusiones entre los propios animadores y por el contrario, mostrarse cooperativos con todos sus compañeros, promoviendo una mejor realización de las ofertas.
- Considerar que un clima donde existan los altercados es inadmisible, puesto que estas situaciones además de generar confusiones, son muestras elocuentes de poca solidaridad humana, sin valorar los daños de imagen que tales conductas pudieran traer consigo.
- Tener en cuenta que resulta inadmisible fumar o ingerir bebidas alcohólicas durante el desarrollo de las actividades o en presencia de los turistas, en ocasión del desempeño.
- Evitar el uso de prendas y adornos ya que el animador debe destacar por la perfección de su trabajo y no por su inmodestia, pues la tenencia de tales objetos puede parecer una pedantería.
- Ceder el paso a los clientes al cruzarse con ellos, tanto en las puertas como escaleras, elevadores, pasillos, etc.
- Considerar que las normas de cortesía son propias de buenos profesionales.
- Ser corteses no sólo para con los visitantes, sino también entre compañeros de trabajo y no considerar tales gestos, como exagerados o innecesarios.
- Evitar los sobrenombres y las palabras referidas al físico de los que se recrean o cualquier otra frase que pueda parecer ofensiva.
- Respetar en todo momento las costumbres de los turistas y nunca ponerlos en situaciones extremas ante el público.

- Evitar en cualquier circunstancia las críticas públicas, ya que en su gran mayoría se llegan a considerar como burlescas y provocan actitudes irritables.
- Tener siempre en cuenta que un trato cordial y respetuoso, es la base de una alta calidad en la oferta y satisfacción del público que se recrea.
- Reconocer y ponderar, cuidadosamente, los éxitos y progresos de los participantes en el desarrollo de las actividades.
- Tener en cuenta que los clientes jamás molestan, por lo que al realizar las acciones recreativas con otras turistas, los animadores deben atenderlos de forma breve, pero con extrema cortesía y sin dejar de sonreír.
- Considerar que el intentar el silencio gritando más fuerte que su público o pidiendo a otros que griten, resulta erróneo.
- Lograr el silencio de los turistas colocándose sobre un lugar elevado, golpeando suavemente con las manos, aplaudiendo mientras se sonríe y llevando de manera alternada el dedo índice verticalmente a la boca, como signo de silencio.
- Evitar entretener a los que trabajan cuando no se encuentren, los animadores, participando de estas actividades, absteniéndose de llamarles o intervenir en el desarrollo de dichas acciones.
- Cuidar de los materiales disponibles para las propuestas, tratándoles con celo, de manera que no sufran desperfectos o roturas. (Los objetos estropeados no resultan útiles para trabajar y son desagradables a la vista del cliente, inhibiendo con ello la realización de los diferentes eventos).
- Evitar contar al público asuntos que son privados del hotel o que estén relacionados con sus compañeros o jefes, ya que esas actitudes pueden resultar nefastas

para la imagen de la instalación, del equipo de animación y el propio animador.

- Considerar que expresar interés por recibir propinas, regalos u otras prebendas resulta denigrante.
- Expresar gran solidaridad, cooperación y sentido humano hacia clientes y compañeros de labor.
- Procurar trabajar siempre en equipos, puesto que el individualismo no resulta compatible con el oficio ni con la proyección de los profesionales de la animación.
- Aplicar los conocimientos a las distintas situaciones que se presenten en el desempeño.
- Difundir los conocimientos propios entre los demás miembros del equipo, logrando la generalización de las mejores experiencias.
- Trasmitir los conocimientos y experiencias a los animadores noveles, procurando coadyuvar a su formación profesional.
- Procurar poner en práctica diferentes iniciativas y la creatividad, de manera que esto permita paliar aspectos negativos que se manifiesten en el desarrollo de las actividades.
- Relatar siempre en forma amena quienes fueron los ganadores y como serán premiados (el reconocimiento a los triunfadores permite satisfacer el ansia de ser estimulados y que posee todo ser humano, creando un clima favorable en la realización de las propuestas convocadas).
- Terminar las eventos recreativos siempre con la premiación de los clientes (para ello se dispondrá de presentes tales como diplomas, medallas u objetos artesanales variados).
- Concluir las actividades procediendo a anunciar las que preceden. En el caso del cierre de los espectáculos nocturnos, se debe hacer alusión al resto de las ofertas

de la noche, así como las más importantes acciones previstas para el siguiente día.

- Proceder a recoger los medios utilizados en el desarrollo de las actividades una vez concluidas las mismas.

- Velar por la limpieza de los locales e instalaciones al concluir cada propuesta, así como por su estética, favoreciendo la ocurrencia de otras ofertas.

MOMENTOS DE CAMBIOS

El estudio de opinión del cliente actúa como un efectivo catalizador que posibilita comprobar el estado de salud del programa de animación de la instalación hotelera, de la misma manera que permite determinar el grado de satisfacción devenido de otros servicios que en el hotel se prestan. El comportamiento de los índices de complacencia y su relación con el presupuesto de la actividad recreativa, de conjunto con los diversos criterios dados por los visitantes, resulta un seguro indicador de la saturación que pudiera haber alcanzado la oferta de esparcimiento.

Todo programa recreativo transita por un ciclo de vida lógico que a partir de su introducción, deviene en despegue y posterior maduración. La degradación que llegan a experimentar estos proyectos, luego de cierto tiempo, es un fenómeno prevenible de tenerse en cuenta los resultados periódicos de los estudios practicados a la población que se recrea, generalmente, a través de encuestas; aunque en modo alguno, el simple conocimiento de las deficiencias genera mejoras por sí mismo. Para lograr que se reviertan los indicadores del servicio de ocio, el equipo de animación está urgido de cambios.

Las modificaciones en el universo recreativo hotelero requieren ser oportunas, con lo que aumentarán las posibilidades de alcanzar un impacto favorable en la satisfacción de los visitantes; de aquí que sea tan necesario profundizar en el establecimiento de las causas que originan el proceso degenerativo en la labor de animación. En ocasiones, la rutina en la ejecutoria o el descenso en la creatividad de los profesionales encargados de entretener a los turistas, son factores determinantes para que la tan necesaria prestación experimente un serio y nada desestimable declive.

La carencia de movilidad actúa muy negativamente sobre aquellos escenarios destinados a entretener los turistas, convirtiendo al programa recreativo en un fenómeno dogmático, ajeno a la acertada improvisación profesional. La falta de dinámica, agitación, movimiento, excitación y alegría son expresiones totalmente opuestas al quehacer de los animadores. Cuando la inmovilidad se transforma en complacencia propia, entonces se manifiesta lo rutinario y la simple repetición de acciones (muchas veces carentes de ofertas atractivas), crea insatisfacciones notables entre los visitantes. Para evitar estos males, deben proponerse nuevas variantes, contentivas ellas, preferentemente, de propuestas autóctonas, pues es bien conocido que la animación actual es un fenómeno globalizado, escaso en cuanto a opciones propias se refiere; sin dejar de prestar atención al trabajo de capacitación de los especialistas, de forma tal que alcancen, esos sujetos, el perfeccionamiento de los conocimientos y técnicas requeridos.

Muchas veces, la falta de rigor profesional en el trabajo que desarrollan los responsables de recrear a los turistas conduce a determinada apatía o indolencia. No es de extrañar que actitudes como las antes señaladas, obedezcan a espurias apreciaciones de sus respectivos desempeños, entre los propios animadores. En tales circunstancias, sucede que algunas de las personas que laboran en las actividades recreativas, pretendan poseer una formación de excelencia, a partir de halagos personales; que sí bien es cierto fueron motivados por esfuerzos descollantes, no siempre continúan manifestándose en igual medida. Conducirse con modestia y sencillez deviene en un efectivo antídoto para combatir tendencias nocivas que laceran el prestigio de los empleados hoteleros.

Los cambios son necesarios aun antes del declive del programa recreativo. Los profesionales de la animación más competentes son los que hacen del cambio, un ejercicio permanente.

BIBLIOGRAFÍA

1. ALFONSO LÓPEZ, Ramón. 2001. Ejercicio físico, salud y economía. [Consulta: 22 de octubre del 2006]. Disponible en: http://www.efdeportes.com/efd36/econ. htm
2. ALVAREZ ALVAREZ, Luís. 2007. Hablar y persuadir: El arte de la oratoria. Casa Editora abril. Ciudad de La Habana. Cuba. 76p.
3. ANIMACIÓN SOCIOCULTURAL. s.a. [Consulta: 22 de octubre del 2006]. Disponible en: http://www.zoom. es/ racord/98/98-asc.htm
4. AVERHOFF RUIZ, Ricardo y LEÓN OQUENDO, Marcial. 1981. Bioquímica de los ejercicios físicos. Editorial Pueblo y Educación. Ciudad de La Habana. 174p.
5. BARCELÓ RODRÍGUEZ, Corina. 2006. Valores culturales autóctonos en la animación hotelera. Tesis para optar por el título de Licenciado en Cultura Física. Facultad de Cultura Física. Matanzas. 70p.
6. BENÍTEZ MIRANDA, Miguel Ángel y MIRANDA DEARRIBAS, María Victoria. 1983. Contabilidad y finanzas para la formación económica de los cuadros de dirección. Ministerio de Educación Superior. Ciudad de La Habana. 359p.
7. BERMÚDEZ SIXTO, Amado Antonio. 2008. Actividades físicas recreativas acuáticas en piscina para clientes

del hotel ACUAZUL. Tesis para optar por el título de Licenciado en Cultura Física. Facultad de Cultura Física. Matanzas. 55p.

8. BIANCH, Jaime, BIOSKA, Ana, CUERDA, José... s.a. El mundo de la ecología. Editorial Océano. Barcelona, España. SA. 376p.

9. BRITO SOTO, Luis Felipe. 2000. El juego: una propuesta metodológica activa. [Consulta: 22 de octubre del 2006]. Disponible en: http://www.efdeportes.com/efd22/eljuego.htm

10. COLECTIVO DE AUTORES. 1990 Psicología. Editorial Planeta. Moscú. URSS. 469p.

11. COSTALES, F. 2000. Teoría de juegos. [Consulta: 22 de octubre del 2006]. Disponible en: http://www.monografias.com/trabajos5/teorideju/teorideju.shtml

12. CROSPY, Arturo. s.a. Animación turística y creación de experiencias. [Consulta: 25 mayo 2010]. Disponible en: http://www.forumnatura.org/archivos/Animaci%C3%B3n%20tur%C3%ADstica.pdf

13. DE LA TEJADA, Enrique. 2001. Problemas metodológicos, resultados y conclusiones. [Consulta: 31 octubre 2006]. Disponible en: http://www.caribeinside.com/_formacion/no_06/06_03.jsp

14. DE LA TEJADA, Enrique. 2001. Situación actual de la animación.. [Consulta: 31 octubre 2006]. Disponible en: http://www.caribeinside.com/_formacion/no_06/06_03.jsp

15. EL RINCÓN DEL VAGO. Animación Turística. [Consulta: 31 octubre 2006]. Disponible en: http://pdf.rincondelvago.com/animacion-turistica.html

16. ENRÍQUEZ DOMÍNGUEZ. Lisuany. 2005. La cubanía en la animación hotelera. Tesis para optar por el título de Licenciado en Cultura Física. Facultad de Cultura Física. Matanzas. 60p.

17. FERREIRO GRAVIÉ, R, SICILIA GONZÁLEZ, P. L y OROZCO ECHEVARRÍA, O. 1983. Anatomía y fisiología del desarrollo e higiene escolar. Tomo I. Editorial Pueblo y Educación. Ciudad de La Habana. 359p.

18. GARCIA, Eliseo, LANTIGUA, Jesús. 2007. Aspectos técnico metodológicos de la animación hotelera. Revista Retos Turísticos. Universidad de Matanzas. Camilo Cienfuegos. P39-44.

19. GARCÍA, Faustino. 2008. Actividades físicas recreativas para clientes del Hotel Villa Tortuga. Tesis para optar por el título de Licenciado en Cultura Física. Sede Universitaria Municipal de Varadero. Facultad de Cultura Física. Matanzas. 55p.

20. GILSENBACH, Reimar. 1990. Alrededor de la naturaleza. Editorial Gente Nueva. La Habana. 176p.

21. GÓMEZ PUERTO, José Ramón, JURADO RUBIO María Isabel, VIANA MONTANER, Bernardo Hernán, DA SILVA, Marzo Edir, HERNÁNDEZ MENDO Antonio. José Ramón. 2005. Estilos y calidad de vida. [Consulta: 12 de diciembre del 2007]. Disponible en: http://www.efdeportes.com/efd90/estilos.htm

22. LAPTEV, A. y MINJ, A. 1987. Higiene de la cultura Física y el deporte. Editorial pueblo y Educación. Ciudad de la Habana. 245 p.

23. LOPATEGUI COESINO, Edgar. 2002. Recreación. [Consulta: 14 de enero del 2007]. Disponible en: http://www.saludmed.com/Recrea/RecreaL.htm/

24. MUNOZ, A. s.a. Comunicación no verbal. [Consulta: 14 de enero del 2007]. Disponible en: http://www.cepvi.com/articulos/gestos1.htm

25. OFELE, María Regina. s/a. Los juegos tradicionales y sus proyecciones pedagógicas. [Consulta: 17 de mayo del 2006]. Disponible en: http://www.efdeportes.com/efd13/juegtra1.htm

26. PAREDES ORTIZ, Jesús. Desde la corporeidad a la cultura. Buenos Aires. 2003. [Consulta: 17 de mayo del 2006]. Disponible en: http://www.efdeportes.com/efd62/corpo.htm 11/05/06

27. PARLEBAS Pierre. 1997. Problemas teóricos y crisis actual en la Educación Física. [Consulta: 2 noviembre 2007]. Disponible en: http://www.efdeportes.com/efd7/pparl71.htm

28. PASCUAL, Inmaculada .s.a. Cómo ser un buen animador, La animación sociocultural y turística, dos salidas profesionales muy jóvenes, pero con mucho futuro. [Consulta: 31 octubre 2006]. Disponible en: http://www.elmundo.es/sudinero/99/SD165/SD165-11.html

29. PAVÍA Víctor. 1997. El proyecto sobre las formas cotidianas de juego infantil. [Consulta: 2 noviembre 2007]. Disponible en: http://www.efdeportes.com/efd5/vp5.htm

30. PAVÍA, Víctor. 2003. El jugar como acto inútil. [Consulta: 2 noviembre 2007]. Disponible en: http://www.efdeportes.com/efd60/jugar.htm

31. PAVÍA, Víctor. 2000. Investigación y juego, reflexiones desde una práctica. [Consulta: 2 noviembre 2007]. Disponible en: http://www.efdeportes.com/efd18a/pavia.htm

32. PÉREZ, Aldo. 1997. Recreación: fundamentos teóricos metodológicos. Instituto Politécnico Nacional. México DF. 180p.

33. PÉREZ, Aldo. 2002. Técnicas de animación. Dinamización recreativa. Instituto Superior de Cultura Física. Ciudad de La Habana. 38p.

34. ROCA PERARA, Miguel Ángel. Psicología Clínica. Editorial Félix Varela, La Habana, 2002.

35. RODRÍGUEZ CUBA, Emmanuel. 2008. Nuevas actividades físicas recreativas para el gimnasio del hotel TRYP PENINSULA Varadero. Tesis para optar por

el título de Licenciado en Cultura Física. Facultad de Cultura Física. Matanzas. 54p.

36. ROMÁN SUÁREZ, Iván. 2004. Gigafuerza. Editorial Deportes. Ciudad de La Habana. 150p.

37. RUBALCABA ORDAZ, Luis y CANETTI FERNÁNDEZ, Santos. 1989. Salud vs sedentarismo. Editorial Pueblo y Educación. Ciudad de La Habana. 76 p.

38. ROSENBERG, MATT. s.a. Gran Tour de Europa. [Consulta: 26 mayo 2010]. Disponible en: http://translate.google.es/translate?hl=es&langpair =en%7Ces&u=http://geography.about.com/od/ historyofgeography/a/grandtour.htm

39. SAÍNZ DE ROBLES, Federico Carlos. 2007. Diccionario de sinónimos y antónimos. Tomo I. editorial José Martí. Ciudad de La Habana. 335p.

40. SÁNCHEZ CANO, Daura Mabel. 2008. Actividades físicas recreativas para clientes de la tercera edad en el "Hotel Oasis Brisas del Caribe". Tesis para optar por el título de Licenciado en Cultura Física. Facultad de Cultura Física. Matanzas. 51p.

41. SÁNCHEZ LONDONO, N. s.a. Los juegos y juguetes como herramienta educativa. [Consulta: 3 mayo 2010]. Disponible en: http://www.educar.org/articulos/ eljuegocomo.asp

42. SANTAMARTA, José. Turismo y medio ambiente. [Consulta: 31 octubre 2006]. Disponible en: http://www.nodo50.org/worldwatch/ww/pdf/turismo.pdf

43. SKLIAR, Maro. 2000. Reflexiones en torno al juego. [Consulta: 3 mayo 2010]. Disponible en: http://www. efdeportes.com/efd25b/rjuego.htm

44. unwto.org. 2008. Declaración de Manila sobre el turismo mundial. [Consulta: 14 noviembre 2011]. Disponible en: http://turismohistoria.blogspot.com/2008/08/ declaracin-de-manila.html

45. VELOZO MORALES, Yunet. 2008. Programa de actividades físicas recreativas para clientes de la tercera edad en el Hotel Sunbeach. Tesis para optar por el título de Licenciado en Cultura Física. Facultad de Cultura Física. Matanzas. 55p.
46. WAUTIEZ, Francisco y REYES, Bernardo. 2001. Indicadores locales para la sustentabilidad. Publicaciones Acuario. La Habana. 2001. 134p.
47. WIKIPEDIA. 2008. Turismo. [Consulta: 31 octubre 2006]. Disponible en: http://es.wikipedia.org/wiki/Turismo
48. WIKIPEDIA. 2008. Hotel. [Consulta: 31 octubre 2006]. Disponible en: http://es.wikipedia.org/wiki/Hotel